日本経済
GOLDEN CHANGE
大復活

国際エコノミスト　今井 澂 Kiyoshi Imai

Gakken

はじめに

日本の経済は、「２０２４年」を軸に上昇気流に乗る。

景気の好材料が重なり、また、これまでの蓄積が花開き、日本経済の上昇局面がやってくる。

そんなことを言ったら、ちょっと信じられないかもしれません。ポジティブなことばかり言っているな、と思われるかもしれない。

私は国際エコノミストとして金融経済の最前線で、半世紀以上、世界経済を見てきました。

今でも政府高官や企業のトップ、アナリストたちと密に話をしています。

経済理論と、彼らの動きや読み、状況、データなどを総合すると、２０２４年は、日本経済の上昇へ向けた転換点――ＧＯＬＤＥＮ　ＣＨＡＮＧＥ《ゴールデン・チェンジ》――になると確信するに至りました。

マクロでみると、良くない時期も、好景気も、永遠には続かない。

経済、景気は循環する。

数々の経済学者の理論を借りなくても、過去を振り返ってみると実際にそうなってきたことは一目瞭然です。

日本経済は、長らく「失われた30年」といわれてきました。

たしかに、バブル崩壊後、日本経済には厳しい状況が続きました。アメリカの対日政策の転換や膨大な不良債権処理などがあったためです。

暗い、暗い……と言われていましたが、ちょっと顔を上げて、あたりを見渡してみてください。

過去の負債の処理には時間がかかったがほぼ片付き、金融機関は再編されて体質はかなりスリム化された。アメリカと日本の関係性も変わっている。

中国やアジア、環太平洋といった広いエリアで日本の存在感が増している。

経済に最大のコストがかかるのは、自国内で戦争や紛争が起こること。国際情勢が揺れている今の時代は、日本のように政治や治安が安定している国は相対的に大きなアドバンテージがある。

半導体などハイテク、インバウンドなどは非常に良い兆しがみえている。

日本にはこれまで蓄積した社会資本や金融資産が豊富にあり、新しいビジネスに投資できるリソースは十分にある。

政府の政策誘導も効果が出てくるでしょう。

総合的に見て、間もなく、日本全体が上昇局面に入ることは間違いありません。

心配される少子高齢化や地方の衰退も、不安というロジックでばかり語られますが、ビジネスを生み出すのはつねに「ニーズ」です。経済というメガネを通すと、新しいビジネスやノウハウが生まれる可能性に満ちているといえましょう。実際、こうした市場にチャレンジする若々しいベンチャーが非常に多く開拓されて、新しい市場がどんどん生まれ、拡大しています。

どうですか。少しは未来が明るく見えてきませんか。

どのような道筋で実現していくのか。これから具体的にお話ししていきます。

「GOLDEN CHANGE」がやって来る。

この波に乗り遅れないよう、さあ、すぐに動き出しましょう。

目次

第1章 ゴールデン・チェンジ　夜明けはすぐそこだ！

産業・テクノロジー

第2章 「半導体王国」の劇的な復活

第3章 インバウンドで日本は「観光大国」になる！

第4章 アメリカの対日方針の大転換

序章

復活の
のろし

日本は世界第2位の金融大国である！

日本のみなさん、特に日本経済・社会の将来に不安を抱いている諸君へ。今井澂《きよし》から、大切なお話があります。

私が考えている日本の将来はずっと明るいのだけれど、どうも**「日本はこれからダメになる」**と思っている方が意外に多いようです。少子化や老齢化で、「日本は貧しくなる」という考え方が底流にあると思います。

これは大間違いです。

それはなぜか。まず**第一に、日本には非常に潤沢な個人金融資産がある**のです。日本にはこれまでの成長でため込んだ富が非常に厚く蓄積されています。

アメリカの個人金融資産は世界一多く、118兆ドルあります。**日本の個人金融資産はそれに次ぐ、世界で二番目の20兆ドルです**（OECD、2021年）。

岸田文雄政権は、この豊富な資産をテコに、**これからの日本の経済政策の大きな柱として資産を投資・運用して増やす**ことで成長軌道を描こうともくろんでいるのです。

これまでの5年間で、アメリカの金融資産は年率で6・54%成長しました。これに対して、日本は年率1・84%しか成長していません。政府はこれを、アメリカ並み、あるいはそれ以上の成長率にしようとしているのです。

それを実現するために、たとえば東京や札幌、横浜、大阪、神戸、福岡などを中心に**「資産運用特区」**を作ろうとしています。海外の資産運用会社がこの特区に進出する際には、さまざまな行政手続きを英語のみで完結できるなどのおぜん立てをしています。

このことについて岸田首相は2023年9月21日午後（現地時間）に、アメリカ財界の大物が加盟しているニューヨーク経済クラブで講演しました。日本が**「資産運用立国」**を実現していくためのビジョンを語り、日本の取り組みが遅れているといわれてきた構造改革を断行すると力強く訴えたのです。ここにそうそうたるメンバーが参加していました。

ジョン・ウィリアムズ・ニューヨーク連邦準備銀行（連銀）総裁をはじめ、世界有数の資産運用会社であるブラックロックやブラックストーン・グループ、あるいはKKRといった会社のCEO（最高経営責任者）が一堂に会し、世界の投資家への新規参入支援や規制緩和についての説明に熱心に聴き入っていました。**日本に資産運用特区ができれば、彼らは真っ先に乗り込んでくる**でしょう。

年金資産運用で世界最大手の米国J．P．モルガン・アセット・マネジメントの金融商品の新聞広告が日本経済新聞にたびたび掲載されていることに、お気づきの読者もいるかもしれません。彼らは**日本を大きなマーケットと見込んでPRを始めているの**です。

日本の高度成長時代に蓄えられた潤沢な資産を運用していけば、いまの若い世代はその運用益で十分やっていける、と言っても過言ではないのです。それを促すために、政府は資産運用特区と両輪で**新NISA（少額投資非課税制度）やiDeCo（個人型確定拠出年金）の非課税上限額を引き上げ、その期限もなくしていこうとしています**。いまからコツコツと運用していけば、自分が年を取ってからも生活に困るリスクが減るでしょう。

資産運用には少子化も高齢化も関係ないのです。こうした流れを正しく見つめましょう。いま日本に生きている人たちは、豊富な金融資産の上にあり、自分たちが実は「幸運な世代」だと意識することが重要です。

運用の成績を上げるためには金融先進国のプロの知恵を借りるのが近道です。そのために政府がもくろんでいるのが、この資産運用特区なのです。日本から世界中のありとあらゆる金融商品に投資できるようになる、黄金のカギなのです。

日本はハイテクとインバウンドで飛躍していく

第二に、日本が将来どういう姿になっているかをイメージしてください。断言しますが、**今後の日本は、加速度を増して、「ハイテクの国」への道を突き進む**ことになります。

いま、ソニーと台湾TSMC（台湾セミコンダクター・マニュファクチャリング・カンパニー）の合弁工場で、次世代通信規格「6G」に対応した半導体を製造しようとしています。ハイテクにおいて世界市場でシェアを独占し、より優位な立場になっていくでしょう。この点については、第2章で詳しく述べます。

第三に、目下日本ではインバウンド需要が非常に伸びています。2023年のインバウンドの市場規模は5兆円以上になる見込みです。今後これがさらに上昇していき、**2024年には5・5兆円、2025年には6兆円**ぐらいになってもおかしくありません。

日本の自動車産業の市場規模（国内乗用車メーカー7社の国内売上高合計、2022年）が**約15兆円**ですから、インバウンドは3年間合計でこれを抜くほどの経済効果をもたらすのです。

観光立国として名高いフランスは、パリやベルサイユといった国内各地の名所旧跡を中心とした**観光関連市場がGDPのうち7%**ほども占めています。日本のインバウンド市場5兆円は、2022年のGDP546兆円のうち0・9%ほどです。これがもしインバウンドが**GDPの7%まで成長したなら、海外から日本にもたらされる観光収入は38兆円**になります。

ハイテクとインバウンドを両輪として成長していく国、これが将来の日本の姿なのです。

世界各国で実施されているアンケート調査を見ると、日本は、しばしば「観光で行きたい国」のトップや上位にランクされています（P125、図Ⅲ－5）。日本を訪れる旅行者は1回だけでなく、2回、3回と繰り返し訪れるリピーターが非常に多いのも特徴です。

北海道の富良野では、海外資本によるリゾート開発が進み、オーストラリアやニュージーランド出身の外国人がマンションや一戸建てを購入しています。季節が南半球の夏の時期に、北半球の日本は冬ですから、避暑地として長期滞在してスキーを楽しんでいるのです。インバウンドが定住需要にもつながっていることは見過ごせないメリットです。

日経平均株価は5年以内に6万円を超える

これらにより、日本の株価が伸長することが大いに期待できます。日経平均株価は現在3万円台ですが、詳細は第5章で後述するとして、**日経平均は、あと5年ほどで6万円を超える**と見ています。

信じられない、と感じる人もいるかもしれませんが、日経平均の推移をみてください。日経平均はバブル後に7000円台にまで下がったのです。それから復調の兆しを見せ、1万円台に戻しましたが、リーマンショックに端を発した景気悪化で再び下落し、7000円を割り込んでしまいました。あの時に「再び3万円台をつける日が来る」と言っても、多くの人は夢物語だと思ったでしょう。

景気は確実に上向いてきているのです。そして、**2024年を軸に、本格的に成長の波に乗ります。**

日本企業の体質はバブル崩壊以降、長年かけてかなりよくなってきています。みなさんも実感があるかもしれませんが、企業は経営が苦しい時にこそ、生き残りをかけ無駄を削減し、コストを下げ、効率をよくするといった企業努力が重ねられ、体質が改善されるものです。これまで長らく、日本全体がその状態だったと言っていいでしょう。

そして、その日本企業の株を外国人投資家が熱心に買ってくれています。世界と日本の年金資金も日本株に流入しています。エコノミストであり、グローバルストラテジストでもあるエミン・ユルマズ氏は**「これから10年の間に日経平均は30万円になる」**とまで言っています。私も、将来的には日経平均が30万円を超えてもちっともおかしくないと思っています。

読者のみなさんには、ぜひ株式投資運用をお勧めします。個別の銘柄を買うのもいいですし、株価指数などのインデックス投信（投資信託）を買ってもいいでしょう。リスクはありますが、指数の2倍の値幅で変動するレバレッジ型投信を狙ってもいいでしょう。

自分の余裕資産の少なくとも60～70％は株に投資することを勧めます。若い人なら、自分が年を取ったときに、iDeCoやNISAで資産が膨らんでいることでしょう。

これからやってくるゴールデン・チェンジ――日本の上昇局面に、個人としても乗っていくためには、**伸びていく市場にアクセスする**こと、特に株式に投資することは非常に有望です。

上昇局面が地方の経済も牽引していく

日本の人口減、少子高齢化を懸念する向きも多いのですが、この議論にも冷静さがほしいと思っています。これまで述べてきたように、日本には潤沢な金融資産がありま す。そして、ハイテク産業の伸長、インバウンド需要という成長エンジンがあります。これらが牽引し、産業全体に成長効果をもたらすでしょう。

さらに、**治安も良く、政治も安定**している。このような国には、能力のある外国人の労働者や技術者が必ずやって来るようになります。10年後には、日本はハイテクと観光で高い成長率を達成し、**長期では円高トレンド**になります。質の高いダイバーシティ社会が実現するでしょう。

経済はお金が社会の中でどれだけ巡るか、海外との間でどれくらい取引されるか、ということで活力が測られるのです。**少子化や高齢化というのは一要素にすぎません**。むしろ、そこからまた新しい需要が生まれ、ビジネスも生まれる。仕事があれば人は集まる。悲観しすぎる必要はありません。

昨今労働力不足が叫ばれていますが、経済学の原則からみると、**労働力不足が起こるのは、景気が良いとき、または上昇しようというとき**です。景気が悪くなると、人は余り、仕事のほうがなくなるのです。

地方が過疎化でさびれていくという見方もありますが、観光資源がありインバウンドが増える地域には、温泉旅館やホテルなどの宿泊施設の雇用をはじめ、観光関連産業が新たに生まれていきます。観光資源に乏しい限界集落に対しても、政府のスマートシティ構想をもとにした政策の効果が見えてきて、集約化・効率化してきていきます。実際にモデル的な市町村が各地に生まれています。また、空港や新幹線の新駅の周辺には新たな雇用が生まれていくはずです。地方財政が危機から脱するチャンスもそこにあります。

これまで述べてきたように、日本にとって**「失われた30年」はけっして失われただけではなかった**のです。企業体質は明らかに強くなっている。規制緩和により、ベンチャーも起こしやすくなった。転職も容易になった。高齢化のなかで、介護保険制度といった社会制度も整ってきた。**苦しい時期に、日本全体で成長のための土台をつくってきた**と言えましょう。

そろそろ、私たちの意識も転換するときです。

将来への不安論から脱却し、日本の現状を冷静に見て、今後をしっかりと予見しながら、成長軌道に乗っていきましょう。次章から、ひとつひとつ見ていきたいと思います。

ゴールデン・チェンジと内外の政治経済情勢

第1章では、日本の景気循環が歴史的な上昇局面を迎えていることを説明します。短期から中期、長期、超長期と、すべての景気の波が上昇していく、「はじめに」で述べたGOLDEN CHANGE（ゴールデン・チェンジ）の到来にふさわしい局面に、いまの日本はいるのです。
その上昇を牽引する2大パワーが、**「半導体」**と**「インバウンド」**です。

第2章では、かつて「産業のコメ」と呼ばれた半導体産業がどのように世界で発展してきたのかを詳しく解説します。ハイテク製品に欠かせない半導体ですが、各国の軍事バランスにも大きな影響を与えてきました。かつて「日の丸半導体」は世界を席巻しましたが、現在のシェアは大きくはありません。それが再び輝けるのかどうか。

第3章では、これからますます成長していくインバウンドについて取り上げます。コロナ禍の行動制限でいったん消え去ったマーケットですが、海外から見た日本の観光地としての魅力は衰えず、観光大国フランスをも凌駕していくでしょう。

第4章では、世界における日本の立場を180度転換させた、アメリカの対日政策を振り返ります。

そして第5章でも、昨今の地政学的な情勢を踏まえて、今後の政治経済情勢を占います。さまざまな思惑が絡みますが、結果として日本にとって非常に有利な情勢となっていくことが理解していただけると思います。

GOLDEN　CHANGEの日本へようこそ。

第1章

金融・景気

ゴールデン・チェンジ

夜明けは
すぐそこだ!

ゴールデン・チェンジを生む景気の「超景気」転換

私は、2024年からの日本は「ゴールデン・チェンジ」の時代に入ると考えています。世界経済の潮流がダイナミックに変化する中で、ひさびさに脚光を浴びている日本の景気が本格的に回復し、活力を取り戻す大転換点にあるのです。

その大きな根拠は、景気サイクルにおいて非常に勢いがある**「超景気」**の時期にさしかかっていることです。

まず、景気についておさらいしておきましょう。

経済活動の情勢を表す「景気」は、日本全体であればGDP（国内総生産）の成長率の推移や、企業の景況感によって示されます。

「好景気」、つまり景気がよいときは成長率が高く、「不景気」、つまり景気の悪いときは成長率が低い、あるいはマイナス成長となります（景況感もプラス、マイナスの方向が同様）。高度成長期のように年2桁の成長をしていなくても、過去の一定期間と比べて継続的に高い成長率ならば「好景気」と判断されます。

好景気と不景気は交互に訪れ、その周期には規則性があります。波のように上下することから、景気変動（景気循環）を「景気の波」とも呼びます。好景気の頂点を景気の「山」、あるいは「天井」、不景気の最悪の地点を景気の「谷」、あるいは「底」と表現します。景気には必ず「山」と「谷」が存在しています。

そして、歴史を克明にたどってみると、景気循環に各国の経済情勢、国家間の勢力図、ひいては覇権の行方までもが影響を受けてきました。**世界は「景気循環」という〝魔物〟に翻弄されてきた**ともいえるのです。

景気循環に関して一代の碩学《せきがく》として広く知られているエコノミストの嶋中雄二氏は、**「日本はいま、ゴールデン・サイクルを迎えている」**と言っています。

景気循環には周期の短いものから長いものまであります。短いほうから、**①キッチン・サイクル**（**短期**）、**②ジュグラー・サイクル**（**中期**）、**③クズネッツ・サイクル**（**長期**）、**④コンドラチェフ・サイクル**（**超長期**）の4つで、これらすべてが上昇局面となるのが**「ゴールデン・サイクル**（**超景気**）**」**です（図Ⅰ－1）。本書ではゴールデン・チェンジと区別するために、「超景気」で統一します。

「超景気」のルーツは経済学者のヨーゼフ・シュンペーターです。

1930年代に世界が大恐慌を迎えたのは、短期のキッチン・サイクル（一般に

「在庫循環」と呼ばれ、3〜4年周期と考えられています。戦後日本の統計で見ると5・4年周期)、中期のジュグラー・サイクル(9〜10年周期の長い設備投資循環)、さらに超長期のコンドラチェフ・サイクル(50〜60年周期で「長波」とも呼ばれる)の3つのサイクルがすべて下降局面にあったからだと、シュンペーターは示しました。

シュンペーターによれば、産業革命のような巨大なイノベーションが原因とされていますが、経済学者のニコライ・コンドラチェフは**社会インフラの更新投資**によるものだと考えました。

さらにシュンペーターは、逆に短期、

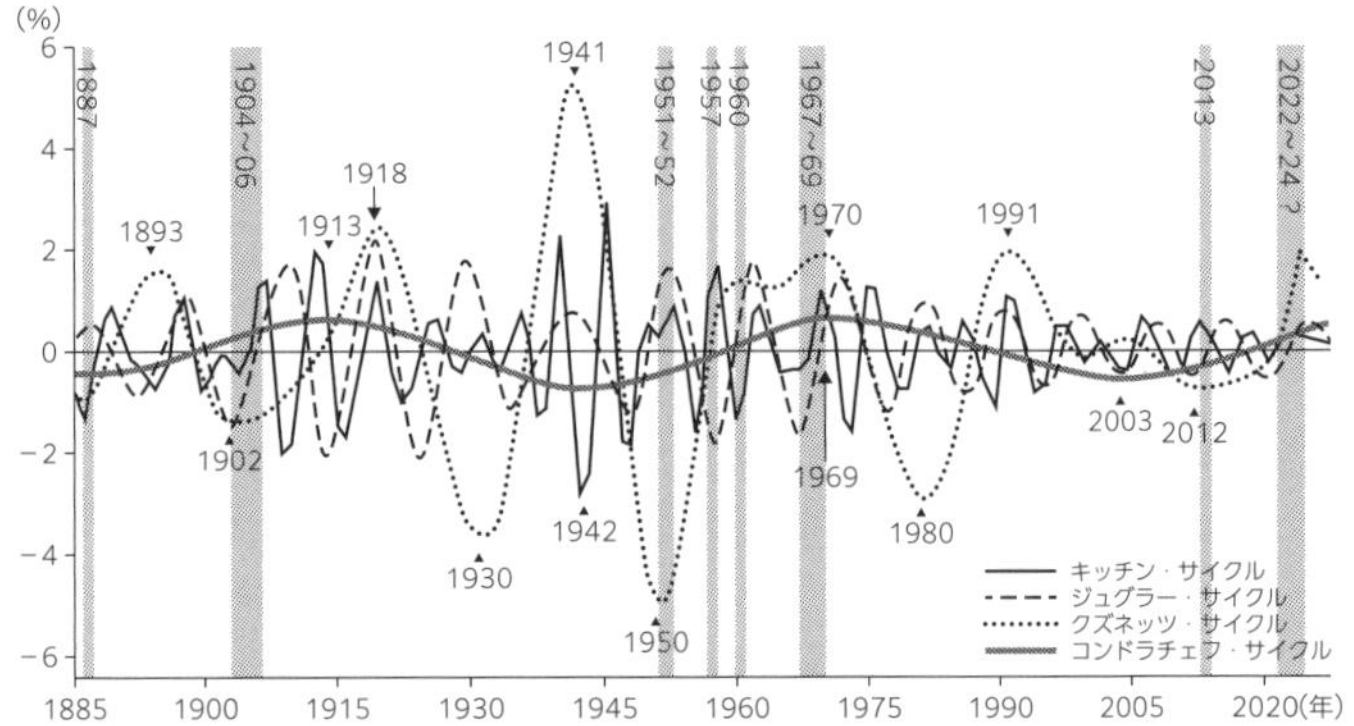

図Ⅰ―1　日本が迎える歴史的な「超景気」

短期・中期・長期・超長期の日本の景気サイクル

(出所)嶋中雄二『これから日本は4つの景気循環がすべて重なる。; ゴールデン・サイクルⅡ』(東洋経済新報社)などを基に作成中期、超長期の景気循環がすべて上昇する場合には、景気の大きな山が来ると見ていました。1939年に発表した『景気循環論』の中で論じています。

一方、経済学者のサイモン・クズネッツは、シュンペーターの3つの波に加えて「建設投資循環」を提唱しました。20～30年周期のクズネッツ・サイクルです。**4つの循環がすべて上昇局面で重なる状態が「超景気」**です。

1951年以降の日本経済では、9・5年周期の「設備投資循環」、ジュグラー・サイクルがあるといいます（提唱者は篠原三代平《みよへい》氏）。

図I－2上は、2026年にかけて中期循環の上昇期となり、かつ景気拡張が優勢な時代が到来することを示しています。図I－2下のように、景気拡張期を4・75年ずつに区切ると、景気拡張期間が長いときは**「拡張優勢期」**、景気拡張期間が短いときは**「拡張劣勢期」**と考えられます。

1951年4～6月期以降の四半期データで、景気の谷の翌月から次の山までが拡張期間で、山の翌月から谷までが後退期間となります。4・75年ごとにみると、拡張劣勢の後には拡張優勢になり、拡張優勢の後は拡張劣勢にと、順序よく周期的に繰り返しています。

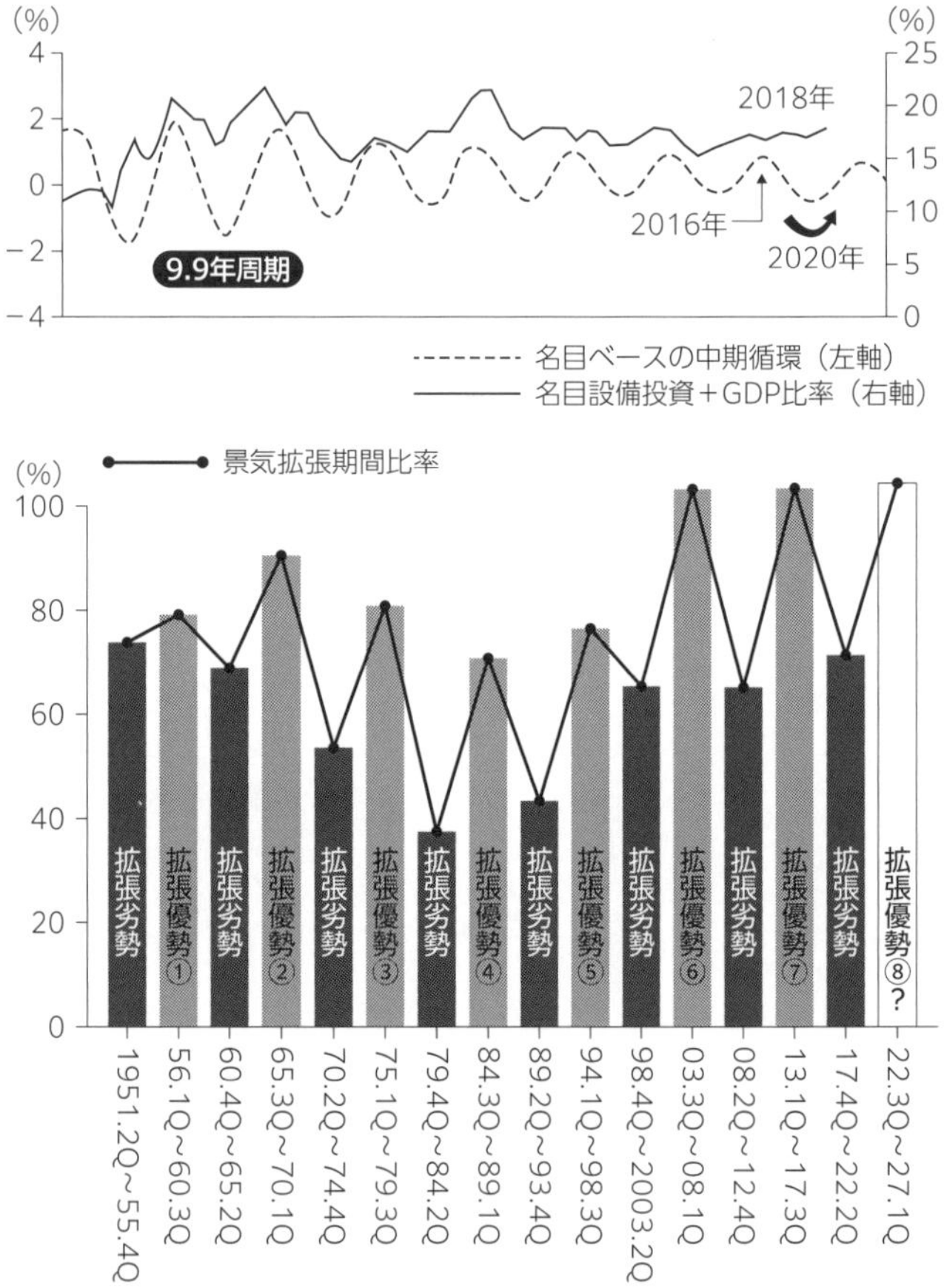

図Ⅰ―2　2020年代は景気の「拡張優勢」に入っている
中期の景気循環と中期・長期・超長期の景気拡張

（出所）嶋中雄二・鹿野達史「新ゴールデン・サイクル論」『景気とサイクル』（景気循環学会、2022年）

１９５６年から１９６０年の拡張優勢期、第１波の中期循環はちょうど**神武景気、岩戸景気**に重なっています。日本の**高度経済成長の始まり**です。１９６５年の証券不況の後、１９７０年までの**いざなぎ景気**が第２波に当たります。そして拡張優勢期の第３波が１９７５年の第１次**石油ショック**直後の不況期を底にして、１９７９年にイラン革命が起きるまで続きました。

さらに第４波の拡張優勢期は１９８４年から１９８９年までで、ちょうど**バブル期**に当たっています。そして第５波が１９９４年から１９９８年まででした。金融危機のさなかでしたが、相対的には景気拡張期間が長かった。

第６波が２００３年から２００８年の**リーマン・ショック**まで。いざなみ景気の時期です。第７波が２０１３年から２０１７年までで、**アベノミクスと黒田バズーカ**の時期です。アベノミクス景気は２０１８年10月まで途切れましたが、71カ月という**戦後２番目の景気拡張期間を記録した**と言えます。

そして現在は**第８波がすでに始まっている**のです。期間は２０２２年から２０２７年までです。４・75年の新たな中期的な拡張優勢局面になろうとしています。

具体的な産業に焦点を当てると、半導体やロボット、生成ＡＩ（人工知能）、ＩＴ関連事業、さらにデジタルトランスフォーメーション（ＤＸ）、その他再生可能エネルギーなどＳＤＧｓに関わる設備投資の機会がどんどん出てきます。**ＧＤＰに占める設備投資比率も上昇してくる**時期です。

『坂の上の雲』『三丁目の夕日』の時代の再来

これに加えて、長期のクズネッツ・サイクルの上昇が重なります。日本では26年周期です（図Ｉ－３）。

拡張優勢期について歴史的に振り返ってみると、まず１９０３年から１９１８年、日露戦争直前から第一次世界大戦の終了までが第１波です。１９１９年から反動不況が始まって、**金融恐慌**（１９２７年）や**昭和恐慌**（１９３０年）につながります。

１９３１年には**満州事変**が勃発し、**太平洋戦争開始**（１９４１年）までは景気上昇局面にありました。**終戦**をはさむ１９４２年から１９５０年までは下降局面です。

１９５１年に日本はサンフランシスコ講和条約を締結し、１９６９年までが第２波です。いざなぎ景気の中で、日本は重化学工業化を推し進めました。

１９７０年にいざなぎ景気が終わりを告げ、日本の成長力もピークアウトしていきます。二度のオイルショックを経て、1981年にかけて**世界同時不況**となります。1982年に世界同時不況を脱すると、1990年までのバブル景気となります。クズネッツ・サイクルの上昇期も重なっていました。

1991年から2012年にかけて、日本はさまざまな危機に直面します。バブル崩壊、金融危機、東日本大震災で、世の中全体が停滞ムードに覆われてしまいました。デフレ一色の深刻な状況の中で、2012年末に政権を奪還した安倍晋三首相のアベノミクスにより、2013年から日本経済は再び長期的な上昇の傾向を得ることができたのです。

アベノミクスをクズネッツ・サイクルの上昇の起点と考えれば、過去の平均周期から推計して**しばらくは長期の上昇局面が続く**と考えられます。中期の循環が上昇期にあり、長期の循環も上昇期にあります。そして短期の循環も2021年には底入れして、現在上昇期にあるのです。

最後のトドメとして、**超長期のコンドラチェフ・サイクル**が残っていますね。この周期は59年です。40～70年の波からバンドパス・フィルターにより抽出したもので、名目設備投資のGDPに対する比率を戦前（1885年）から抽出しています。

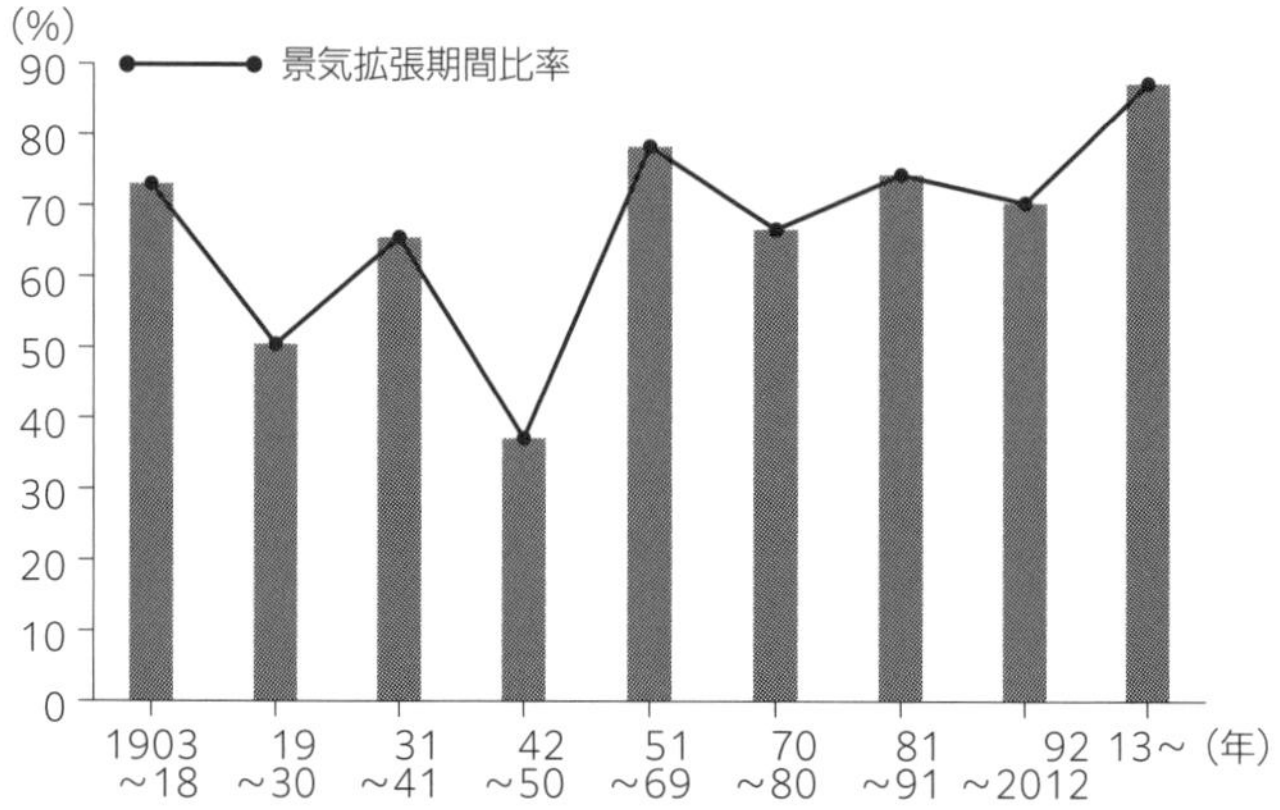

図Ⅰ―3　長期循環の景気拡張期間比率の推移

（出所）嶋中雄二・鹿野達史「新ゴールデン・サイクル論」『景気とサイクル』（景気循環学会、2022年）

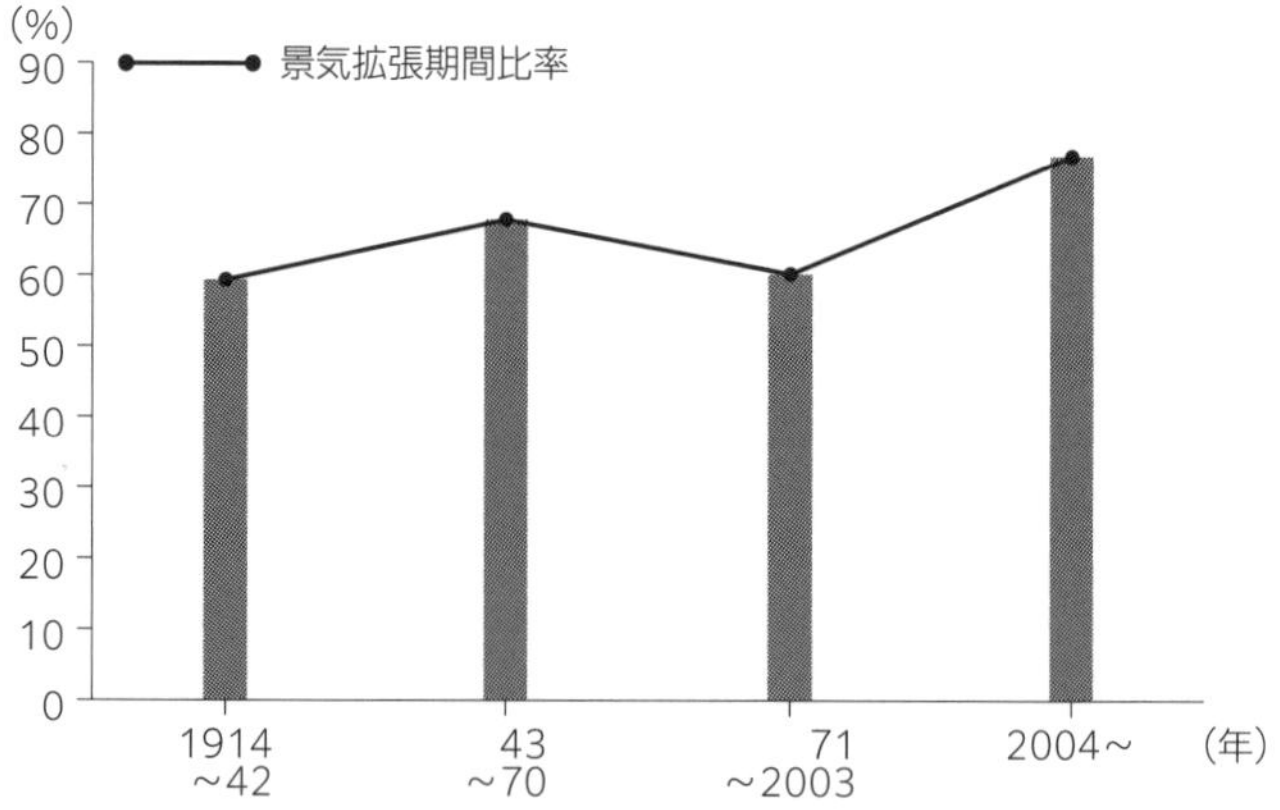

図Ⅰ―4　超長期循環の景気拡張期間比率の推移

（出所）嶋中雄二・鹿野達史「新ゴールデン・サイクル論」『景気とサイクル』（景気循環学会、2022年）

図I－4は超長期循環コンドラチェフ・サイクルの景気拡張期間比率で、期間が約59年の非常に長い循環になっています。1914年から1942年は世界恐慌や太平洋戦争の時期ですが、景気拡張期間比率が低い時期で、コンドラチェフ・サイクルの下降期だったのです。

太平洋戦争中の1943年から次の上昇、拡張優勢期が始まり、1970年まで続きます。1971年から1997年はニクソン・ショックから私の勤めていた山一証券の破綻までで、景気拡張劣勢期だったことがわかります。

日本のコンドラチェフ・サイクルは2004年から2032年ぐらいまでが再び上昇期、景気拡張優勢期に入ってきています。

短期循環も上昇し始めていますから、**中期循環、長期循環、超長期循環も含めてすべてが上昇期に入っています。4つのサイクルがすべて上昇する「超景気」のサイクルが発生しているのです。**

今回の上昇は、2022年からすでに始まっています。日本の設備投資比率から、2022年7～9月期ごろから中期循環のジュグラー・サイクルが上昇しているとみられます。そして、2013年のアベノミクス&黒田バズーカ開始のタイミングから長期循環のクズネッツ・サイクルの上昇が始まっています。

さかのぼって量的金融政策が軌道に乗ってきた2004年から超長期循環のコンドラチェフ・サイクルが上昇しています（図Ⅰ－1）。この4つのサイクルが絡んですべてが上昇するのは、2022年、2023年、2024年の3年間です。

そして、超景気はクズネッツ・サイクルのピークと目される2025年まで続くとみられています。これは、**明治期以降では3回目の「第3の超景気」**です。過去2回は『坂の上の雲』の時代（1903～1918年）、『ALWAYS　三丁目の夕日』の時代（1951～1969年）で、いずれも**日本経済の歴史的勃興期**（あるいは再興期）と呼ばれた時期でした。

2030年には中国の名目GDPがアメリカを上回りますが（最近は上回れないとの試算もあります→第5章参照）、そこからデッドヒートとなり、次第に人口が減少する中国を2040年にはアメリカが再逆転します。アメリカは2034年からコンドラチェフ・サイクルの下降局面に入り、2050年に中国がGDPでアメリカを再々逆転するでしょう。

一方、人口ではインドが中国を超え、2050年には中国を3億人程度上回る16・

6億人となります。インドはコンドラチェフ・サイクルの下降期にもかかわらず高成長を続け、サイクルが2032年を大底にして上昇に転ずると成長ペースが加速し、GDPで米中両国を上回って世界の首位となるのです。

日経平均株価は上昇トレンドに入っている

景気と同じように、株価にもサイクル（トレンドと呼びます）があります。ただし、リーマン・ショックや東日本大震災、コロナ禍やロシアのウクライナ侵攻、そしてハマスによるイスラエル攻撃といったイベントによって株価は大きく上下するため、景気のように一定のリズムでは動きません。それでも、趨勢としてのトレンドは波のように変化しています。

株価チャートは「ローソク足」と呼ばれる長方形で描画されていて、白い「陽線」が値上がり、黒い「陰線」が値下がりを表します（図Ⅰ－5上）。

また、連続する株価の平均値を「移動平均」といいます。1週間の株価の動きを1つのローソク足で表した週足チャートであれば、13週移動平均線や26週移動平均線が分析によく使われます。これはその日の株価を含め、それぞれ13週分・26週分の週末終値の平均値を結んだ曲線です。

計算期間の短い短期の移動平均線が、期間の長い長期の移動平均線を下から上に抜くことを**「ゴールデンクロス」**といいます。直近の株価のほうが値上がりの勢いが強いので、ゴールデンクロスが示現した後の株価は上昇トレンドとなることが多く、相場の**「買いサイン」**になっています。逆に、短期移動平均線が長期移動平均線を上から下に抜けると**「デッドクロス」**といって、下降トレンド入りを示す**「売りサイン」**となります（図Ｉ－５下）。

日経平均株価の長期トレンドを年足チャート（1年分の株価が1本のローソク足）で見ると、**５年移動平均線が10年移動平均線を上抜けるゴールデンクロスが、アベノミクス相場の途中の２０１４年初めに示現**しています。日経平均はその後、上げ下げを繰り返しながらも**大きなトレンドでは上昇を続けています。**

市場の3分の2を占める外国人投資家の熱い視線

外国人機関投資家は、昔の4大証券（野村、大和、日興、山一）の全盛時代に、東京市場の売買高の70％を握っていました。現在も市場取引の3分の2は外国人機関投資

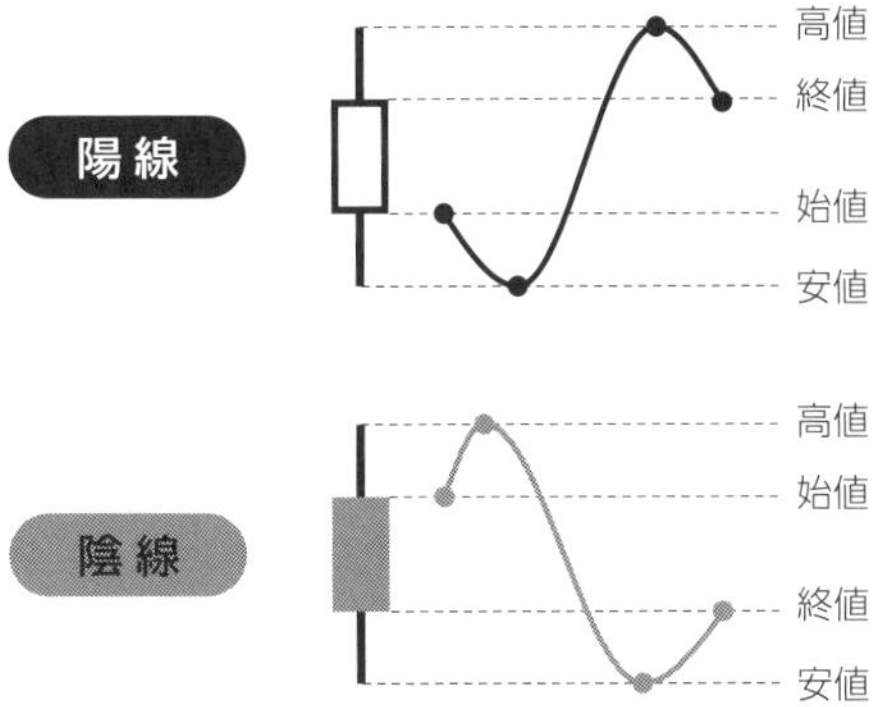

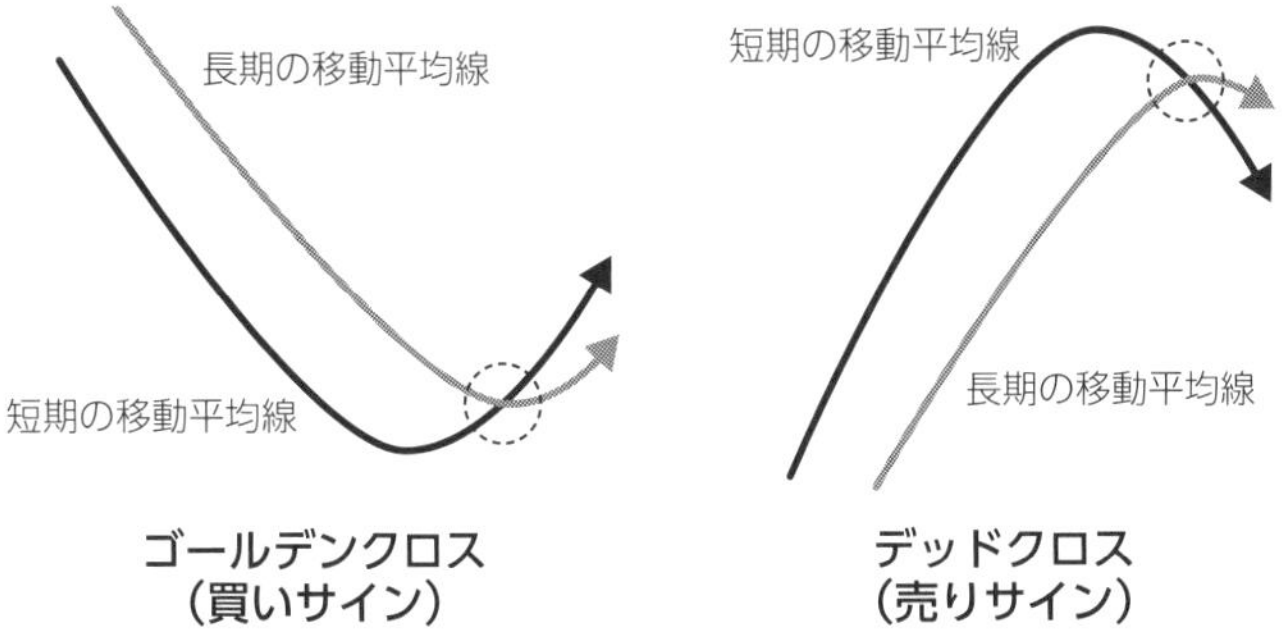

図Ⅰ—5　ローソク足と移動平均線の買いサイン・売りサイン
陽線・陰線とゴールデンクロス、デッドクロス

家によるものです。

過去の日本株の上昇も、海外の投資家の買いによるものが中心でした。たとえば1999年のITバブル当時、外国人機関投資家による買いはTOPIXを58・4％も押し上げました。

2013年、アベノミクスや黒田バズーカ当時は、外国人機関投資家は15・1兆円の買いを入れ、TOPIXを51・5％上昇させました。上げ相場の時ほど、外国人の動きは強かったのです。

ところが、2023年12月までは、外国人機関投資家の買いはさほど大きくありません。そこで、岸田首相の「資産運用立国」構想が実現すれば、過去の例と同じような上げ相場になるだろうと予想します。

アメリカの年金基金からは特に大きな買いが期待できます。米中対立がどんどん激化して、また中国経済が変調してきたら、中国に投資している部分（基金全体の3〜4％）が日本に退避してくるからです。

年金基金はアメリカだけでなくヨーロッパにも日本にもあります。日本のGPIF（年金積立金管理運用独立行政法人）は運用資産200兆円弱で世界最大です。

さらに日本の国内要因として、2024年7月に1万円札の顔が福沢諭吉から渋沢栄一に変わります。新札発行です。85兆円ともいわれるタンス預金がいよいよ動き出すのです。すべてでなくて構わない。たった1割動いても8・5兆円です。さきの外国人買い15兆円の半分以上のインパクトがあるのです。

日銀の金融緩和もそろそろ終わりを告げ、銀行の預金金利もこれからは高くなっていきます。85兆円をタンス預金から銀行預金に移してくれるだけでも効果は大きいのです。マネーフロー分析で明らかですが、銀行預金が増えるだけで経済は活性化します。たいへんな好景気になると言ってよいでしょう。

ちょうどそのタイミングで、前述の「超景気」が重なるので、**2024、2025、2026年は資産運用で大きく儲けるチャンス**です。具体的な投資銘柄については、巻末でご紹介します。

これに加えて**企業の自社株買い**が加わります。PBR（株価純資産倍率）1倍割れ銘柄に対して、東京証券取引所が改善要請を出したこともあり、年間1兆円ペースで自社株買いが行われています。企業は買った株式を売ることはないので、**巨大な買い圧力が今後数年間は続く**のです。

それでも、多くの銘柄のＰＢＲが1倍を超えるにはまだまだかかります。株価は1株当たりの利益を投影しますが、日本株の現在のＰＥＲ（株価収益率＝株価÷1株当たり利益）は、国際勢の常識に照らすとまだ安い。適正水準は17倍程度ではないでしょうか。**日経平均株価にあてはめると3万7000円あたりまではすんなりと上昇していく**でしょう。私の知り合いの外国人投資家はおおむねそのような予測を掲げています。

前述のように、東京証券取引所は2023年3月末にＰＢＲが1倍を下回る上場企業に対して、「株価水準を引き上げるための具体策の開示を求める」と異例ともいえる要請に踏み切りました。

ＰＢＲ1倍割れ企業は市場の約4割を占めるといわれ、対策の中には増配や自社株買いを含めてさまざまな形で株主対策が施されることから、市場ではＰＢＲ1倍割れ銘柄への関心がいやがうえにも高まっているのです。

ウォーレン・バフェットの日本買いが意味すること

日経平均株価のＰＢＲは全体でも約1・3倍（2023年12月現在）と、アメリカの

S&P500種指数（4倍超）などと比べるとかなり割安になっています。

これを見て、巨大な資金シフトが起きようとしています。根拠の一つが、2023年4月12日付の『日本経済新聞』での著名な投資家のウォーレン・バフェット氏に関する記事「日本株投資を拡大」です。

記事の中でバフェット氏は**「日本はアメリカ国外で最大の投資先」**と発言しています。翌13日の記事「市場変調、積極投資に転換」の見出しには「買い14年ぶり規模　豊富な手元資金が支え」とあります。14年前の2009年はリーマン・ショックの翌年です。その状況に日本市場があるとバフェット氏が判断しているのです。

私も以前、アメリカの金融街であるウォールストリートにいたので、バフェット氏のスピーチをよく聞きました。

これまでバフェット氏はほとんどアメリカ株一辺倒で、アップルやバンク・オブ・アメリカの株で資金の7割を運用してきました。海外の株の比率は低かった。だから、本気で海外に投資したのは、商社など日本株が初めてだったのです。

バフェット氏は東日本大震災の直後、2011年5月に初来日。切削工具メーカーのタンガロイ（2004年2月MBOで東証1部上場廃止）を訪問することが目的でした。しかし、そのときは「日本で関心を引く企業の株はいくつかある」と語っただけでした。

イギリス出身の著名な経済アナリスト、ピーター・タスカ氏がかつて、英文ニュースサイト「ジャパン・フォワード」への寄稿の中で、中国本土との一体化が進む香港の代わりとして「オーストラリアは遠すぎる。台湾は中国に近いからチャイナリスクがある。香港と近いシンガポールは距離的にはいいが、北東アジアをカバーするには理想的でない。ロンドンとニューヨークとの時差を考えても、最適なのは東京だ」と述べています。

岸田政権の「資産運用立国」構想もあり、世界経済に対する日本の影響力はますます大きくなるに違いありません。

日本の個人投資家はまだ弱腰

日経平均株価はバブル崩壊後、**約33年ぶりに3万円台**に乗せました。市場も強気になりかけていますが、日本の個人投資家はどうも売り越しに甘んじているようです。（株式を貸し借りする）信用取引は増えているけれど、現物取引に関しては売り越しているのです。

日本の個人投資家は株式に本気になりかけているとはいえ、依然として今回の騰勢を完全には信じ切っていない段階なのではないでしょうか。

「複眼経済塾」という投資ビジネススクールの代表（塾長）である渡部清二さんは、『会社四季報』を25年間1号も欠かさず読み込んできた日本株のプロフェッショナルです。彼は、「個人投資家の売り越しについては構造問題が横たわっており、あまり気にしていない」と語ります。

すなわち、個人投資家はＩＰＯ（株式新規公開）銘柄を新規上場のタイミングで買い、それをすぐに市場で売却することで利益を得ようとするため、常に売り越し状況にあるからです。

渡部氏は、「日米の株式市場の逆転が起きるのではないか」とにらんでいます。コロナ禍の２０２０年に作成した資料から読み取ったもので、コロナショックはブラックマンデーの〝再来〟ではないか、ととらえたそうです。

ブラックマンデーの株価暴落があったのは、１９８７年10月です。その後、１９９０年まで日米市場はともに株価を上昇させ、１９９０年でどちらも下落した。分かれ道はそこからで、アメリカは反発して上昇モードに戻った一方、日本株は30年もの間ほぼ上がらない、長い低迷期を迎えました。

その前年の1989年末は日経平均株価が史上最高値をつけましたが、その時点で**日本の株式市場の世界全体での時価総額シェアは5割にも達していました。**ちょうど今がその正反対で、2023年前半のアメリカ株の世界全体での時価総額シェアが50%と、30年前とまったく同じことが起きているといいます。

日経平均株価が4万円に到達するのも、もう間もなくでしょう。

エブリシング・バブルで日米の相場が大逆転する

現在の日本株の勢いを3年前から適確に言い当てていたのが、エコノミスト、グローバルストラテジストのエミン・ユルマズ氏です。渡部さんの複眼経済塾の塾頭でもあります。トルコ出身で、弱冠16歳で国際生物学オリンピックの世界チャンピオンに輝きました。

賞品の大学留学期間の費用で選んだ留学先が、歴代チャンピオンが好んだ欧米の大学ではなく、日本の東京大学理科一類。天才の名をほしいままにしたエミンさんの進路は学者コースではなく、野村証券でした。

出会って打ち解けてみると、彼の〝日本愛〟が半端でなく筋金入りであることがよくわかります。我々が忘れてしまっている日本人や日本の良さを評価する目線が本当にありがたいと感じます。嶋中さんの景気循環論のように、エミンさんも国の勢いを長期的な目線で見ています。

原油や天然ガス、小麦などのコモディティ価格の上昇、不動産や株価のバブル的な上昇と言った、**あらゆる資産価格が上昇する**ことを、エミンさんは**「エブリシング・バブル」**と呼び、こう語っています。

「いまエブリシング・バブルが起きているのはアメリカだ。日本がエブリシング・バブルになったのは1980年代後半で、それが崩壊してからアメリカ株相場が盛り上がっていった。それと似たようなことは再び日本に起きるだろう」。

「ウォーレン・バフェット氏もそれに気づいている」、とエミンさんは語ります。「彼は日本へやって来て、日本人のお金で日本株に投資しており、そこがすごい」。

エミンさんはアメリカが依然としてバブルが膨らんだままの状態にあり、株価が一度ヒストリカルな水準に戻らなければいけないと考えています。ヒストリカルな水準とは、具体的には「バフェット指数の水準」だといいます。

バフェット指数の考え方とは、「その国に上場している全企業の時価総額の合計は、その国のＧＤＰ（国内総生産）の約８割の水準が妥当であろう」というもの。つまり、株式市場の時価総額を名目ＧＤＰで割った値がメルクマール（判断指標）になるということです。

アメリカのバフェット指数は２０２３年4月23日時点で１５６・３％。ヒストリカル水準の80％の約2倍ですから、かなりオーバーバリュー（割高）だということになります。

「同時期のＳ＆Ｐ５００の配当利回りは１・７％と歴史的な低水準にある」（ユルマズ氏）

アメリカの1年債、2年債でも４％以上の利回りが出るのですから、値上がり期待を除けば、アメリカ株にお金を回すのが馬鹿馬鹿しくなるような水準ですね。エミンさんは「アメリカの預金金利は０・25％。預金をすべて引き出してアメリカのＭＭＦ（マネーマーケットファンド）に入れておけば４％以上の利回りが出る。Ｓ＆Ｐ５００の配当利回り１・７％の倍以上だ」と見立てています。

弾けないバブルはありません。エミンさんは、アメリカ株式の割高な状況はいずれ解消されて、通常のバリュエーションに戻ると予想しています。日本株の〝独歩高〟の時代がやってくるかもしれません。

補論 国債増発で財政危機、は本当か？

毎年、大量の国債を発行し、財政赤字が続く日本。それをもって「国家財政が破綻する」という懸念を唱える方がいます。

これに大きく反論するのが、元財務官僚の経済学者である髙橋洋一氏です。髙橋氏は「日本国債が紙クズになることはありえない」と強く主張しています。髙橋氏は財務省出身なので、財政に詳しい方です。

髙橋氏は「日本国債が紙クズになるというのは、日本国の借金のことだけしか考えていないからだ。それは税金を取りたい財務省と出入りのエコノミストが言っていることであって、事実ではない。日本国には巨額の資産もあるので、資産も入れると日本国の財政赤字は実はせいぜいアメリカ並みでしかない」と言っています。借金が多いだけでなく、それを補う資産も多いため、デフォルト（債務不履行）となることはない、という主張です。

もう1つの理由は、日本国債の96％は日本国内で買われているからです。しかも、そのほとんどを買っているのは日本銀行（日銀）であり、日銀の株式の50％以上を持つ実質上の親会社は日本政府なのです。

海外の投資はわずか4%を占めているにすぎず、それも円建てです。

国債残高のGDP比率だけを見て、「国債残高のGDP比率が世界一で、ギリシャより高い日本は危ない」という主張も間違っています。

ギリシャはいまユーロ圏ですが、以前の通貨ドラクマには日本円と違って国際的な信用がありませんでした。ユーロ圏に加盟したことで、初めてギリシャは国債を他国から購入してもらうことができるようになったのです。通貨ユーロがギリシャ国債の信用を裏付ける形になったわけで、結果としてギリシャ国債の70%を外国人投資家が保有するようになったのです。

ギリシャは人口わずか1050万人ほどの国で、GDPもユーロ圏の3%を占めるに過ぎない。そんな小国ギリシャの財政危機が2010年にヨーロッパだけでなく世界を揺るがすほどの大問題になってしまったのは、ギリシャ国債の7割を外国人投資家が保有していたからです。

髙橋氏によれば、国の借金が1000兆円を超えたという財務省の認識や報道は、会計的には不正確です。日本の財政の実態を見るためには、国のバランスシートを作成して、その負債合計を見るべきである、とのこと。

財務省が四半期ごとに発表している、いわゆる政府の負債にあたる「国債及び借入金並びに政府保証債務現在高」は、2023年6月末現在で合計1306兆円。国債だけで1134兆円もあり、2022年の日本のGDP546兆円の約2倍あります。負債全体ではGDPの約2・4倍となります。

この比率だけを見ると世界で類のない大きさで、「家計に例えるなら毎年の所得の2倍以上の借金にあえいでいる」と報道されがちです。

ただし、この評価は少しアンフェアではないか、というのが髙橋氏の考え方です。彼が言う「国のバランスシート」は財務省から毎年公表されていて、最新版は令和3年（2021年）のものです（図I-6）。

企業のバランスシートと同様に、国のバランスシートにも「負債の部」と「資産の部」があります。日本の総資産は723兆円あります。対して負債は1410兆円です。

また、現預金、有価証券といった金融資産が501兆円あり、同じ2021年のGDP（549兆円）比で91・3%に達しています。OECD（経済協力開発機構）の資

貸 借 対 照 表

（単位：百万円）

	前会計年度（令和3年3月31日）	本会計年度（令和4年3月31日）		前会計年度（令和3年3月31日）	本会計年度（令和4年3月31日）
〈資産の部〉			〈負債の部〉		
現金･預金	69,463,685	48,260,028	未払金	10,710,654	10,689,779
有価証券	119,683,572	123,506,116	支払備金	311,398	303,472
たな卸資産	4,107,889	4,172,756	未払費用	1,119,229	1,079,843
未収金	6,800,275	6,053,239	保管金等	1,362,732	1,485,157
未収収益	578,822	599,642	前受金	58,690	70,332
未収(再)保険料	5,292,084	4,933,462	前受収益	662,346	658,565
前払費用	3,661,400	3,265,355	未経過(再)保険料	29,534	31,520
貸付金	120,092,838	123,206,471	賞与引当金	343,186	315,130
運用寄託金	112,553,157	113,708,958	政府短期証券	92,778,100	88,321,707
その他の債権等	5,156,604	10,675,735	公債	1,083,931,301	1,113,967,605
貸倒引当金	△1,612,957	△1,479,047	借入金	32,862,555	33,553,777
有形固定資産	191,271,659	193,368,498	預託金	7,070,137	10,425,847
国有財産(公共用財産を除く)	32,521,019	32,766,123	責任準備金	9,495,717	9,318,370
土地	19,439,784	19,238,347	公的年金預り金	121,797,947	122,276,744
立木竹	3,263,869	3,624,759	退職給付引当金	5,715,759	5,503,393
建物	3,412,176	3,385,158	その他の債務等	7,705,062	12,971,464
工作物	2,588,138	2,523,303			
機械器具	0	0			
船舶	1,588,827	1,556,127			
航空機	1,057,296	1,141,126			
建設仮勘定	1,170,927	1,297,301			
公共用財産	154,075,248	156,085,881			
公共用財産用地	40,250,440	40,408,096			
公共用財産施設	113,392,496	115,251,334			
建設仮勘定	432,311	426,449			
物品	4,653,965	4,508,762			
その他の固定資産	21,425	7,731	負 債 合 計	1,375,954,353	1,410,972,710
無形固定資産	353,117	380,452	〈資産･負債差額の部〉		
出資金	83,388,788	93,290,389	資産･負債差額	△655,163,414	△687,030,650
資 産 合 計	720,790,938	723,942,060	負債及び資産･負債差額合計	720,790,938	723,942,060

図Ⅰ―6　公開、これが日本のバランスシートだ
2021年度の貸借対照表

（出所）財務省「国の財務書類（一般会計・特別会計）」令和3年度

料によれば、先進国ではずば抜けた高比率であることがわかるといいます。

資産と負債の差額である687兆円が政府資産を売却しても返せない「純債務」となりますが、これはGDPの1・25倍となります。

もっと言うと、政府が過半数の株式を持つ大株主である日本銀行は事実上、政府の連結子会社です。

時期がずれますが、2023年3月末時点の時価ベースで日銀の保有する国債残高は過去最大の576兆円に上ります。差し引くと実質の債務は111兆円となり、GDPの2割（20・2％）になるのです。

さらにこの残額についても、政府の特権である「課税権」で相殺することができるので、「近い将来に国家財政が破綻する」といったたぐいの話ではありません（図I－7）。

これは日本びいきの独りよがりの主張ではありません。海外からの評価と考えられる日本国債のクレジット・デフォルト・スワップ（CDS、債務不履行に備えた保険金の料率と考えればよい）は0・00188％。裏返せば、99・8％以上の国際マーケットでの信頼度があるということです。日本国債がいかに健全か、おわかりいただけたでしょうか。

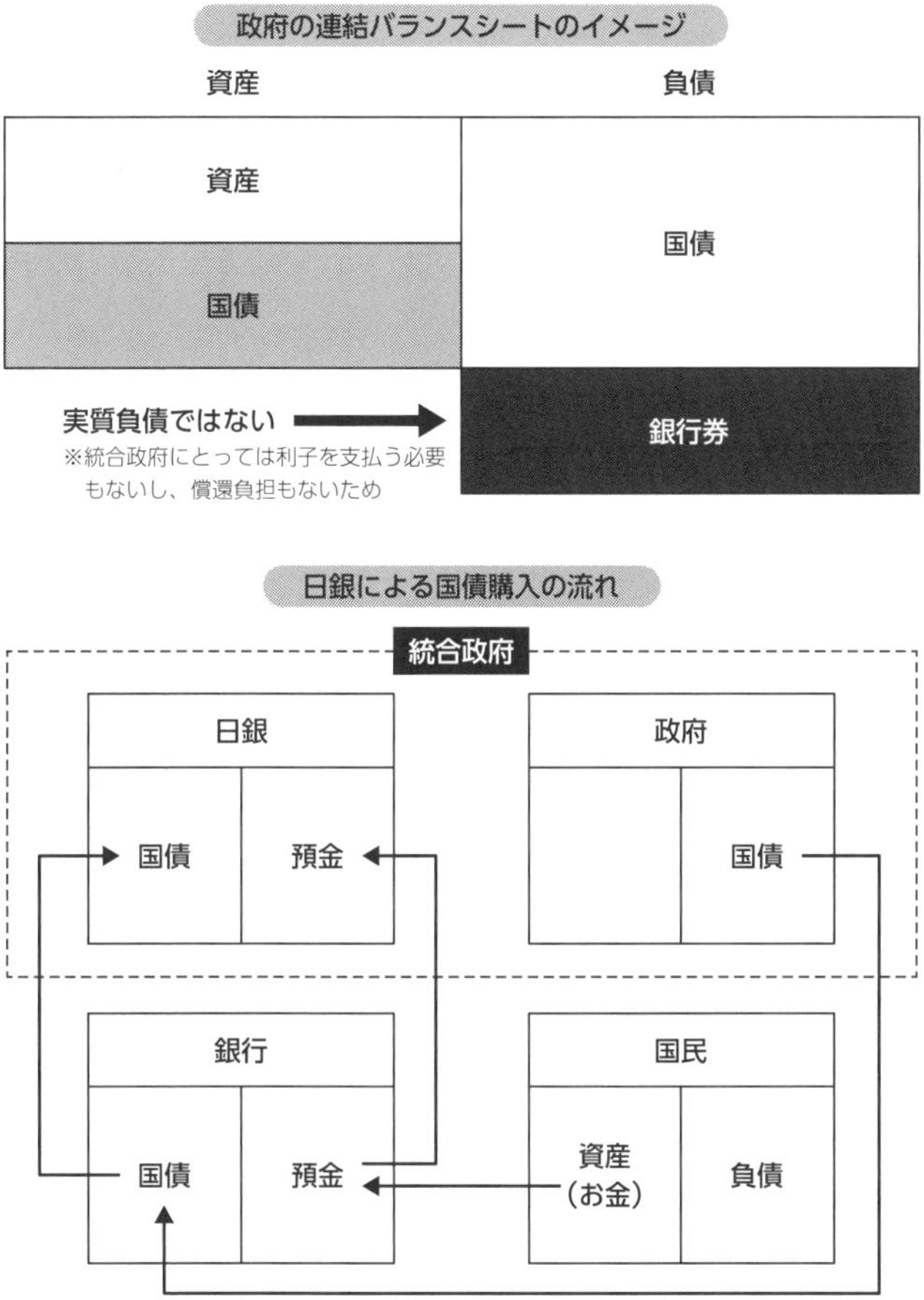

図Ⅰ—7　日本は「破綻寸前」ではない
政府の連結バランスシート（イメージ）

第2章

産業・テクノロジー

「半導体王国」の劇的な復活

半導体をテコにゴールデン・チェンジが起きる

第1章で述べたように、現在の日本には景気循環による大きな追い風が吹いていています。これを成長に結びつけ、大きな飛躍につなげる2つのエンジンが**「半導体」**と**「インバウンド」**だと、私は考えています。**ゴールデン・チェンジの「金の卵」**といえるでしょう。

本章では金の卵の1つ、半導体についてお話ししたいと思います。

半導体には大きく2つの顔があります。一つ目は、**「産業のコメ」**といわれるほど、電化製品の発展に欠かせないデバイス（部品）であるということ。パソコン（PC）、スマートフォン、ゲーム機などの家電製品から、自動車や飛行機、人工衛星まで、半導体なしには動くことができません。半導体市場で大きなシェアを握ることはすなわち、国際社会における経済覇権を手にすることを意味します。

半導体のもう一つの顔は、弾丸より小さいにもかかわらず、それよりはるかに重要な「軍事兵器」であるということです。

経済のグローバル化によって現在、半導体製造は複雑な工程ごとに水平分業されています。典型的な例では設計がイギリスとアメリカ、材料は中国から、製造はオランダや日本のメーカーが得意な部分もあります。大量生産は台湾のメーカーが一手に引き受けるケースが多いです。

ご存じの通り、アメリカと中国は外交的な対立関係にあります。詳しくは第4章で述べますが、アメリカの最先端半導体は中国に輸出されません。アメリカ製の半導体や部品を使った機器の中国への輸出も禁じられたため、日本の最先端の製品も中国には輸出していません。

1980年代、日本は半導体市場で圧倒的なトップシェアを握っていました。当時は**世界シェアの過半**を占め（図Ⅱ－

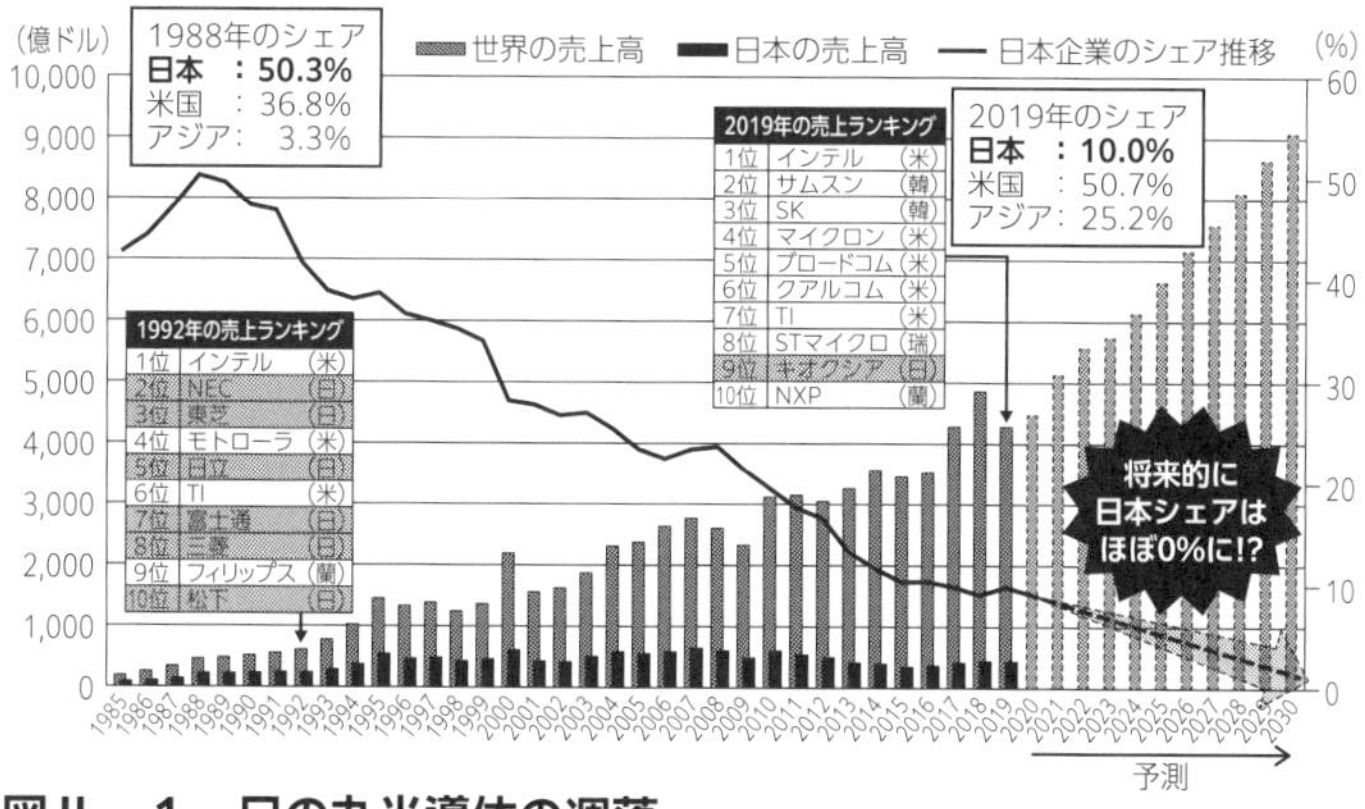

図Ⅱ—1　日の丸半導体の凋落

日本の半導体産業の現状（国際的なシェアの低下）

（出所）Omdiaのデータを基に経済産業省作成

1）、**売上高ランキングの上位10社のうち6社までが日本メーカー**でした。日の丸半導体の「我が世の春」でした。

しかし、日米半導体摩擦やバブル崩壊を経て、その割合は年々低下し、素材や製造装置など特定の分野を除いて存在感が乏しいです。

これをどうやって大逆転するのか。そのカギを見つけるために、まずは温故知新で歴史に学んでみましょう。半導体の発祥と成長、そして経済安全保障に欠かせない商品となった背景について、お話ししたいと思います。

半導体はなぜ「産業のコメ」になったのか

物質には、電気を通すものと通さないものがあります。電気を通す「導体」は鉄やアルミニウム、銅、金といった金属が典型例です。電源ケーブルには銅線が使われていますね。電気を通さない「絶縁体」はガラスやゴム、プラスチックなどです。

半導体はその名の通り、導体と絶縁体の両方の性質を持っている物質のことです。通常は電気が流れませんが、特定の物質を加えて電圧をかけると電気を流すことができます。コンピューターなどに使われている半導体は「トランジスタ」といいます。

トランジスタとは、「オン（1）」と「オフ（0）」に切り替わることで、すべてのデジタル計算のもとである「1」と「0」を生成する微細な電気的〝スイッチ〟のことです。つまり半導体とは「計算機」を構成する部品の最小単位であり、PCやスマートフォンから、人工知能（AI）から自動運転に至るまで、コンピューターが絡んだすべての製品は、**計算機のかたまり**だと考えることができます。

一方、計算機は軍事面でもたいへん重要な役割を演じてきました。敵を攻撃するミサイルなどの武器を開発する場合には、単純な火力だけではなく、どれだけ標的に確実にヒットするかという命中精度が大事になるからです。

映画『イミテーション・ゲーム／エニグマと天才数学者の秘密』は、第二次世界大戦でドイツが使用していた、当時世界最強とされた暗号「エニグマ」を解読した天才数学者アラン・チューリングを描いています。この中で彼が使用していた巨大な機械式計算機は今日のコンピューターの祖先のようなものです。

ミサイルの命中精度を高める取り組みには限度がありません。より遠くの目標へ、より寸分の狂いもなくミサイルを飛ばせるかが、戦争の成否を分けるだけでなく、軍事予算の節約にも大いに貢献するからです。

より多くの計算が必要になり、機械式計算機が電気式に置き換わっていきます。コンピューターに直接つながる電子計算機の登場です。

初期の電子計算機には「真空管」が使われていました。電球に使われるような金属製フィラメントをガラス管に収めたもので、内部を流れる電流を「オン」と「オフ」に切り替えることが可能になりました。

オンの真空管を「1」、オフの真空管を「0」とコード化することで、2進法ですべての数字を表せるようになります。たとえば10進法の3なら「11」、10なら「10 1 0」で表すのです。爆撃照準器に搭載された機械式装置では1種類の計算しかできなかったものが、真空管をつなぎかえることによって多種多様な計算ができるようになりました。

ただし、別な問題が生じました。電球のように発熱する真空管に蛾などの虫（バグ）が寄ってきてしまうことです。コンピューターのプログラム上のミスや問題点を排除する「デバッギング」（虫取り）という言葉は、ここから生まれました。真空管は電球と同様に、たびたび焼き切れるという難点もありました。

そこで注目されたのが半導体です。通常は電流を通さないのですが、特定の物質を混ぜて電圧をかけると電気が流れるようになる。一つの材料でありながら、「オン」と「オフ」の状態を作り出せるのです。

初期の大口取引先はアメリカ軍だった

トランジスタは瞬く間に真空管に置き換わりましたが、数多くの計算をするためには配線が複雑になるという面倒くささは変わりませんでした。そこで考えられたのが、複数の要素を一つの半導体の上にまとめることです。「集積回路」と呼ばれる発明は、やがて「チップ」として知られるようになります。シリコンウェハーから切り出《チップ・オフ》してつくられたからです。

集積回路は配線をつなげたシンプルな機器の50倍の製造コストがかかるため、開発者たちはアメリカ軍を顧客にすることで資金回収を図ります。月へロケットを飛ばす「アポロ計画」です。1960年代中盤になると、米軍は人工衛星からソナー、魚雷、遠隔測定システムまで、あらゆるタイプの**兵器に半導体を導入**していきました。

ベトナム戦争における共産主義勢力の勝利は、中国と対立する台湾の危機感をつのらせます。台湾はアメリカとの経済的な結びつきを強化するために、半導体工場を積極的に誘致します。アジア各国もそれに追随します。

コンピューターが進化し、より大量の計算をよりコンパクトな部品で行うため、半導体を小型にしてから高性能にする「微細化」が行われていきます。それは今日まで続いています。

顕微鏡は小さなものを拡大して見る道具ですが、このレンズを反対に使うと、大きなものが小さく映ります。この原理を活用して、あらかじめ大きく描いた半導体のパターンをプリントして、レンズを通して写真のように感光させる（リソグラフィと呼びます）ことで、効率的に量産できるようになります。

軍事向けに成功した初期の半導体メーカーは、今度は民間市場へ販売先の拡大を図っていきます。フェアチャイルドセミコンダクターとインテルの共同創設者であるゴードン・ムーアは、１９６５年に『エレクトロニクス』誌に論文を発表します。「少なくとも今後10年間、１枚のシリコン・チップ上に搭載可能な部品の数は年間２倍ずつになっていくだろう」と予測したのです。

より複雑な計算が、より小型のチップで可能になるならば、単価は下がり、利用者の数は加速度的に増えます。今日でも半導体業界を支配しているルール**「ムーアの法**

則」です。民間コンピューターの市場が開花したのです。

大量の計算ニーズをトランジスタがこなすようになると、今度はその結果をセーブする需要が拡大します。インテルは1970年にダイナミック・ランダム・アクセス・メモリ（DRAM）を発売します。微細なトランジスタに小型の記憶素子「コンデンサ」を組み合わせたもので、コンデンサが放電してメモリが消去されないように、繰り返し帯電し続けます。トランジスタへの配線が不要になり、さらに微細化が可能になりました。

急成長しすぎた日本がアメリカの反感を買う

1962年11月にフランスを訪問した池田勇人首相は、シャルル・ド・ゴール大統領に手土産を持参しました。ソニー製のトランジスタ・ラジオです。

太平洋戦争では敵対関係にあった日本とアメリカですが、冷戦構造の中でアメリカは日本の技術革新をバックアップします。1946年5月、井深大《まさる》氏とともにソニーを創業した盛田昭夫氏は国際セールスマンとして世界中に認知されていますが、物理学の学士号を持っています。トランジスタの可能性に早くから気づいていたのです。

日本企業は知的財産（ＩＰ）に関する巨額のライセンス料をアメリカ企業に支払いながら、１ドル＝３６０円という超円安状況と終戦後で廉価だった人件費をテコに、携帯型電卓（シャープ）やトランジスタ・ラジオを世界中でヒットさせ、トランジスタ生産でもアメリカを上回るようになります。

東芝やＮＥＣなどの日本企業がＤＲＡＭチップを製造するようになっても、１９８０年代初頭に日本企業の台頭を深刻にとらえるものはシリコンバレーにはほとんどいなかったといいます。ただ、ヒューレット・パッカードの経営幹部だったリチャード・アンダーソン氏は違っていました。

彼が日本製のチップをテストした結果、アメリカのライバル企業たちよりもはるかに高品質だとわかったからです。あらゆる製造業で激しい競争が始まり、アメリカ企業は日本企業にシェアを奪われていきます。

アメリカ企業がイノベーションを起こし、それを猿真似してより高品質・低価格の商品を製造する日本、という関係から、ソニーが開発した携帯音楽プレーヤー「ウォークマン」がヒットするというイノベーションを起こせるまでになったのです。

日米間では知的財産訴訟が頻発するようになり、スパイ行為が摘発される例も増えました。FBIのおとり捜査による「IBM産業スパイ事件」（1982年）や、共産圏への禁輸品販売で摘発された「東芝機械ココム違反事件」（1987年）などです。

にもかかわらず、高品質で廉価の日の丸半導体の躍進は続きます。1986年には日本がチップの生産数でアメリカに並びます。1980年代末を迎えるころには、日本は世界のリソグラフィ装置の7割を供給していました。

太平洋戦争の反省からアメリカはじめ戦勝国は、日本の軍事費をGDPの1%以下に制限していました。日本はその分、半導体産業など民間へ潤沢な補助金を与えることができ、それが日本を世界第2位の経済大国に押し上げました。その奇跡が、一周回って国家安全保障の問題としてアメリカにのしかかってきたのです。

アメリカはプライドを捨て韓国サムスンを味方につけた

アメリカは日本に対抗するために、戦略を転換します。得意分野に特化して弱い事業は思い切って切り捨て、製造面では東アジアの日本以外の同盟国に頼ることにします。台湾や韓国へと生産をオフショアリングすることで、競争優位を取り戻そうとしたのです。

たとえばインテルは、すでにメモリ事業では日本企業の敵ではなかったのですが、コンピューターの心臓部であるCPU（中央処理装置）などの小規模なマイクロプロセッサでは依然としてトップを走っていました。

1980年にインテルはアメリカのコンピューター大手IBMへ、当時は新製品であるPC向けのチップを供給します。そのPCのOS用のソフトウェアを書いていたプログラマーが、若き日のビル・ゲイツ氏です。CMでおなじみ「インテル、入ってる」の始まりです。

インテルは生き残りのために、DRAMなどのメモリ事業から撤退し、PC向けマイクロプロセッサに特化します。一か八かの賭けでしたが、日本メーカーが得意としていたメインフレーム（大型コンピュータ）からPCへの世代交代がインテルに味方します。

プラザ合意以降の円高や、アメリカでの金利低下も追い風となります。やがて、独自仕様にこだわるアップル・コンピュータを除くほとんどのPCに文字通りインテルのチップが入っている状態が実現します。

韓国トップの財閥であるサムスンも半導体産業に参入してきました。かつての日本と同様に、低金利の銀行融資や政府の支援が後ろ盾です。日本から奪われたシェアを取り戻したいアメリカの半導体メーカーにとっても、韓国の新興企業はパートナーと認識されました。インテルは1980年代にサムスンとの合弁事業契約を結び、サムスン製のチップがインテル・ブランドで販売されることになりました。

日米貿易摩擦も韓国企業の追い風になりました。1986年、日本政府はアメリカへのチップの販売に上限を設けることに合意し、ダンピング（安売り）しないこともアメリカ政府に約束しました。これにより、韓国企業が採算をとりながらDRAMチップを販売する機会を得たのです。

瀕死のシリコンバレーは、先端技術を韓国に移転することにも躊躇しませんでした。高品質のDRAMチップを安く売ることでアメリカ企業からシェアを奪ってきた日本の半導体メーカーは、同じやり方で韓国メーカーに逆転されていきました。

このころ、半導体の微細化はムーアの法則を維持し続けるために、新たな技術的ブレイクスルーを成し遂げます。手作業に近かった半導体設計の自動化・標準化です。半導体設計用のソフトウェア・ツールという新たな産業が生まれたのです。

ラジオなど無線通信の需要に対して、混線を避けるため使える周波数帯は限られていました。ここでも半導体の進化が解決策となります。ノイズの多い放送電波の中を進むデジタル信号を復号するアルゴリズムが考案され、それを可能にするマイクロプロセッサが開発されたのです。

日本の半導体メーカーが犯した最大のミスは、ＰＣの隆盛を見逃したことでした。ＤＲＡＭ部門で圧倒的な市場シェアを誇り、財務的な制約がほとんどなかった日本のＤＲＡＭメーカーは、マイクロプロセッサ市場を無視しつづけ、気づいたときにはもう手遅れになっていたのです。

ジャパンアズNo．1の終わりと台湾の興隆

１９９３年に日本のＤＲＡＭメーカーを逆転し、世界のメモリ・チップ・メーカーの首位に立ったのは韓国のサムスンです。また、事業をＰＣマイクロプロセッサに集中していたインテルが世界最大の半導体メーカーになっていました。

日本企業の没落と並行して、**台湾のベンチャーが急成長**を遂げてきます。ＴＳＭＣ（台湾積体電路製造）です。創業者のモリス・チャン氏はテキサス・インスツルメンツに20年以上勤務し、国防関連の仕事に従事するための機密情報取扱許可《セキュリティ・クリアランス》をアメリカで

も取得しています。台湾政府から工業技術研究院の院長の肩書きも受けています。

台湾は、アメリカとの安全保障関係を強化するため、1960年代から半導体サプライチェーンに積極的に参加していました。チャン氏はTSMCの事業モデルをファウンドリー(受託製造)に特化させます。

日本勢やインテルは、設計から製造・販売まで自社で行う垂直統合型デバイスメーカー(IDM)にこだわっていました。しかし、半導体工場はデバイスの微細化に伴って世代が代わるたびに兆単位の投資が必要なうえ、需給変動から生じる「シリコンサイクル」と呼ばれる約4年の景気の波が避けられません。

そこで、半導体の設計と製造を切り離して、それぞれが得意分野を磨く水平分業が国際的に広まりつつありました。TSMCの顧客の大半はアメリカの半導体設計会社で、上級幹部の多くはシリコンバレーで働いた経験がありました。

工場を持たない**「ファブレス企業」**となった彼らはこぞってTSMCを活用しました。サムスンやインテルもファウンドリー部門を持っていますが、自社設計の半導体も製造するため、顧客とライバルになる可能性があります。TSMCは設計を行わず製造に徹したため、顧客と競合することなく事業を展開できたのです。

多くの工程で作り上げられる半導体の製造プロセス

話を21世紀に進める前に、半導体の作り方について簡単に説明しておきましょう（図Ⅱ－2）。

「**1．マスク製造工程**」では、半導体チップの上にどんな回路を配置するのかを設計し、シミュレーションを繰り返して効率的なパターンを検討します。PC向けなのか、サーバーなのか、自動車なのか、AIなのか。用途によって必要な機能がまったく異なるため、設計するパターンもその都度変わってきます。この工程を効率化するために、その多くはイギリスのアームのような設計会社から、パターン化された回路設計データ＝IP（知的財産）を購入して、顧客のニーズに合わせてカスタマイズするのです。

設計図はコンピューターによって、透明なガラス板の表面に回路パターンとして描写されます。これがウェハーに回路を転写するためのマスタ（原版）となります。日本勢では、材料で大日本印刷やTOPPAN（凸版印刷）、作成装置はニューフレアテクノロジーや日本電子が強いです。

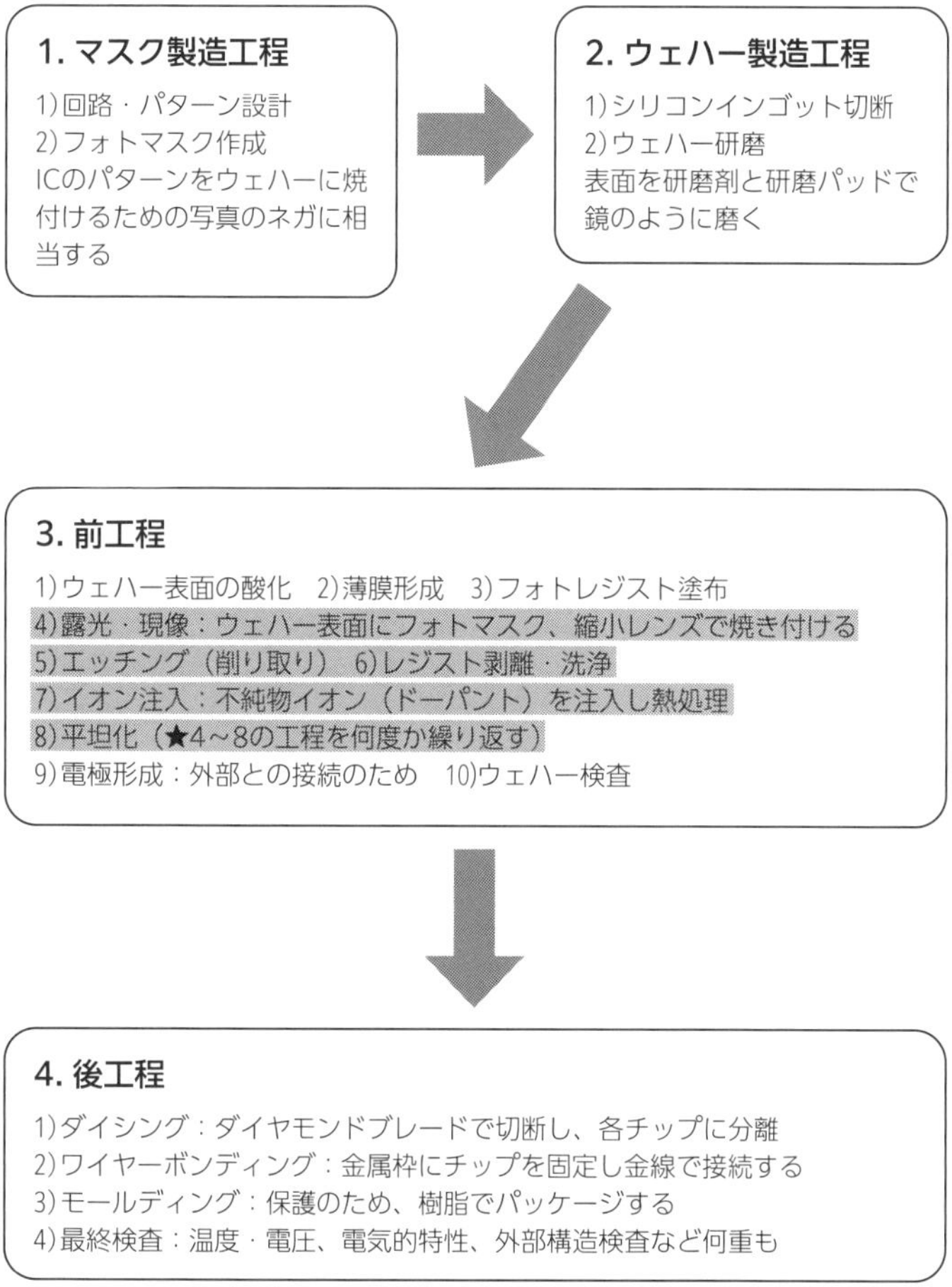
1. マスク製造工程
1)回路・パターン設計
2)フォトマスク作成
ICのパターンをウェハーに焼付けるための写真のネガに相当する
2. ウェハー製造工程
1)シリコンインゴット切断
2)ウェハー研磨
表面を研磨剤と研磨パッドで鏡のように磨く
3. 前工程
1)ウェハー表面の酸化　2)薄膜形成　3)フォトレジスト塗布
4)露光・現像：ウェハー表面にフォトマスク、縮小レンズで焼き付ける
5)エッチング（削り取り）　6)レジスト剥離・洗浄
7)イオン注入：不純物イオン（ドーパント）を注入し熱処理
8)平坦化（★4～8の工程を何度か繰り返す）
9)電極形成：外部との接続のため　10)ウェハー検査
4. 後工程
1)ダイシング：ダイヤモンドブレードで切断し、各チップに分離
2)ワイヤーボンディング：金属枠にチップを固定し金線で接続する
3)モールディング：保護のため、樹脂でパッケージする
4)最終検査：温度・電圧、電気的特性、外部構造検査など何重も

図Ⅱ－2　半導体のできるまで

（出所）SEMIなどより筆者作成

次に、**「2. ウェハー製造工程」**です。シリコン（ケイ素：Ｓｉ）の単結晶（どの位置でも結晶軸の方向が揃っているもの）のかたまりである「シリコンインゴット」をワイヤーソーで薄くスライスして、円盤状のウェハーを作成します。シリコンウェハーの表面は研磨剤と研磨パッドを使って、ピカピカの鏡のようになるまで磨かれます。材料は信越化学工業やＳＵＭＣＯ、装置ではトーヨーエイテックや不二越機械工業の名が挙がります。

続いて、主要工程の前半部分である**「3. 前工程」**に入ります。まず、ウェハーを高温の酸素にさらすことによって表面を酸化させます。酸化膜は電気を通さない絶縁層となって、トランジスタの構成要素となります。次に、ウェハーの表面にさまざまな材料の薄膜を加えます。

原料ガスにさらしてウェハー上に膜をつけるＣＶＤ、放電でイオン化した材料をウェハー表面に衝突させるスパッタリングなどの方法があります。さらに、感光剤のフォトレジストをウェハー表面に均一に塗布します。これによって、光に反応して回路パターンを焼き付けることができます。写真のフィルムの原理で、東京エレクトロンが強い分野です。

次に、**「露光・現像」**（フォトリソグラフィ工程）のプロセスに入ります。ウェハー表面にフォトマスク、縮小レンズを通して光（レーザー光）を照射して、回路パターンを焼き付けます。その後、現像液を使って不要なフォトレジスト部分を除去します。ポジ式なら感光した箇所が、ネガ式では感光しなかった箇所が除去されるようになっています。

露光装置は微細な線を正しい位置に焼き付けることが最重要とされており、10ナノメートル（髪の毛の1万分の1）の線を露光する精度が求められているのです。この水準までくると、ＥＵＶ（極端紫外線）という13・5ナノメートルの短波を使用するのですが、対応した装置を製造できるのはオランダのＡＳＭＬただ1社のみとなっています。

「エッチング」と呼ばれる工程では、フォトレジストで形成されたパターンに沿って酸化膜・薄膜を削り取ります。フォトレジストに覆われている部分だけが残ります。半導体のパターンがきれいに残るようになっているわけです。一般的な「ドライエッチング」と呼ばれる手法では、真空容器内で腐食性ガスをプラズマ化して、化学反応と加速したイオンで薄膜を削って除去しています。

「レジスト剥離・洗浄」は、残っているフォトレジストを剥離する作業です。その後、ウェハー上に残っている不純物を薬液に浸して取り除きます。そして、「不純物イオン（ドーパント）を注入」後、熱処理をして活性化します。これによって半導体の電気的特性を変化させることができるようになるのです。さらにウェハー表面を研磨して、凹凸を「平坦化」します。

ここまでの工程のうち、「露光・現像」→「エッチング」→「レジスト剥離・洗浄」→「イオン注入」→「平坦化」については、一周した後に再び「露光・現像」に戻り、一連の工程が何回か繰り返されます。ＪＳＲ、東京応化工業、信越化学工業や東京エレクトロン、ＳＣＲＥＥＮホールディングスの出番です。

次の工程**「電極形成」**では、電極配線用の金属をウェハーに埋め込みます。これがチップ内部と外部を電気的に接続するための通り道となるのです。

そしてここからが**「4．後工程」**です。まず**「ダイシング」**といって、ウェハーをダイヤモンドブレードで細かく切断して、一つ一つのチップに分離させます。1枚のシリコンウェハーから何個のチップが切り出せるかが、高性能チップを低コストで製造する**「微細化」**の肝となっています。微細化の世代を表す**「プロセスノード」**の最先端が現在3ナノメートルで、次世代は2ナノメートルといわれています。ディスコや東京精密が強い分野です。

分離したチップは、リードフレームと呼ばれる金属の枠に固定され、金線で接続されます。「ワイヤーボンディング」という作業で、これによってチップとの配線が可能になります。さらに「モールディング」といって、チップを傷や衝撃から保護するために樹脂でパッケージします。材料はレゾナック・ホールディングスやイビデン、田中貴金属工業、装置はTOWAなどとなっています。

最後に、温度や電圧の試験、電気的特性試験、外観構造検査など、異常がないかどうか何重にもおよぶ試験を行って不良品を取り除きます。アドバンテストの得意分野です。

「最終検査」をパスしたチップだけが顧客のもとに出荷されていくのです。

オランダASMLがキヤノン、ニコンを駆逐

半導体の製造工程で重要なのは、1枚のシリコンウェハーの上に、どれだけ高性能のチップを、どれだけ数多く並べられるかです。

2000年代から2010年代初頭になってくると、最先端の半導体メーカーは約2年ごとにより先進的で新しい製造工程を導入する必要があり、工場や製造設備の最新鋭化のために巨額の投資を強いられていました。

スマートフォンやPC、サーバー向けのチップはトランジスタの集積度が増すにつれ、処理能力の増大と電力消費の低下を生かした新たな〝ノード〟へ急速に移行していきました。

ここで存在感を増してきたのが、オランダのリソグラフィ装置メーカーのASMLです。EUV（極端紫外線）を使ったリソグラフィ開発の会社です。

以前は可視光線より波長の短い紫外線でシリコンウェハーに焼き付けていたのですが、波長が数百ナノメートル程度なので微細化には限界がありました。そこで波長がわずか13・5ナノメートルのEUVが着目されたのです。

ただし、EUVを発生させるためには、スズの小滴をレーザーで粉砕する必要があり、EUVリソグラフィ装置の主要部品はすべて特注で製造する必要がありました。

技術的にも高度なものが求められました。真空内を時速320キロメートル前後で移動する、大きさ100万分の30メートルのスズの小滴を射出するのです。しかもそれに向けてレーザーは2回照射されます。

1回目で高温になったスズの小滴が2回目で破壊され、太陽の表面温度よりはるかに高い50万度のプラズマを発生する。これを1秒間当たり5万回繰り返すと、半導体製造に必要な量のEUVが得られるのだといいます。電球の光で照らすようなかつてのリソグラフィ工程とは様変わりです。

微細化では日本のキヤノンやリコーも競っていたのですが、光源が安定稼働せず、熱の蓄積も制御できなかったためにキヤノンが撤退。ニコンも事実上撤退しており、露光装置市場ではASMLがシェア9割を握る圧倒的トップとなっています。

ファーウェイの躍進とアメリカ政府の方向転換

TSMCと同じ1987年に中国で設立されたのがファーウェイ（華為技術）です。深圳《シンセン》で香港から電話交換機を輸入していましたが、やがて交換機を自社開発して基地局のノウハウを得ます。現在はフィンランドのノキア、スウェーデンのエリクソンと並び、基地局装置を提供する世界の3大企業の1つになっています。

スマートフォンでも大手の1社となっていて、TSMCにとってはアップルに次ぐ世界第2位の顧客です。かつて日本や韓国で半導体産業が成長したのと同様に、**①政府との人脈で規制面や資金面で優遇を受ける、②欧米や日本と同品質の製品をより安く作る、③グローバル化を徹底して世界での競争力を磨く**、といった戦略で地位を築きました。温故知新ですね(図Ⅱ－3)。

西側諸国、いわゆる自由主義経済圏である日本、韓国、台湾に加えて、共産主義国である中国が存在感を増してきたことはアメリカの危機感を誘います。サイバー戦争で軍事システムがダウンしたらどうなるのか、同盟国との通信が遮断されたら、安全保障をどう担保するのか。

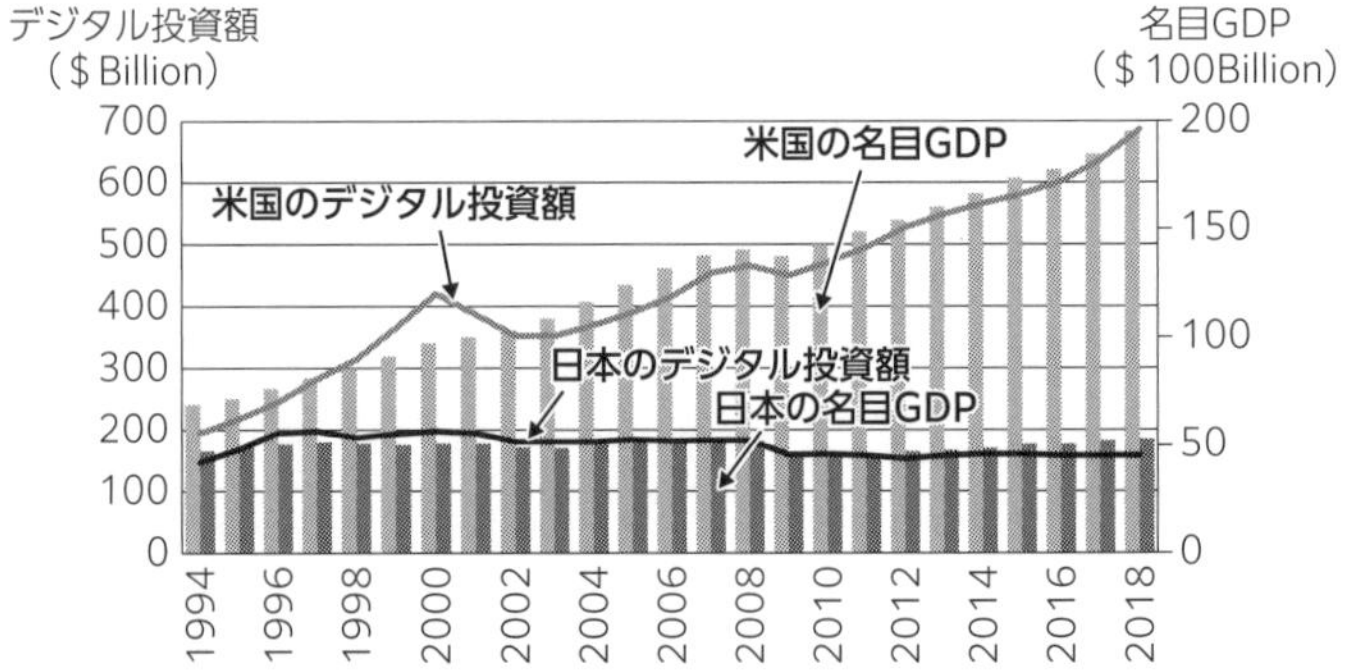

図Ⅱ―3　日本の低成長の原因はデジタル化の遅れだった
日米のデジタル投資額とGDPの推移

(注) 1ドル=100円で計算、デジタル投資額はOECDStatに掲載されているハードウェア投資とソフトウェア投資の合計値
(出所) OECD、内閣府、米国商務省を基に財務省作成

アメリカは半導体サプライチェーンから**中国を排除**することに決めます。まず、2018年に中国の大手通信機器メーカーZTE（中興通訊）に対し、アメリカ企業からの部品調達を禁止しました。2020年9月にはファーウェイへの半導体の輸出規制も始まります。アメリカ企業からだけでなく、アメリカの部品を搭載した製品の輸出も禁じられたため、日本もそれに従います。ファーウェイには最先端の半導体が供給されなくなりました。

米中が対立を深める中で、中国が「1つの中国」を主張して台湾を軍事侵攻するのではないかというリスクが高まっているとの見方が広がっています。私は軍事侵攻の可能性は低いと考えています。

そのうえで、台湾という地政学リスクの高い地域にTSMCがあり、半導体の量産機能がほとんど集中していることが、経済安全保障の面から好ましくないとの認識が広がったことは、日本にとって大きなチャンスになっていると思っています（米中対立については、第4章で詳しく述べます）。

「日の丸半導体が死ぬ」経済産業省の危機感

かつての圧倒的な存在感を失ったとはいえ、日本は世界の半導体業界でいまだに重要な位置を占めています。半導体生産能力は世界4位の15％となっています（米ノメタリサーチ調べ、2021年末時点）。

ただし、TSMCに代表される、ファウンドリー機能についてはほぼないに等しいのが現状です。日本の半導体業界だけでなく、日本政府も以前からこの点を問題視してきました。

2021年3月24日、半導体・デジタル産業戦略検討会議の第1回会合が開かれます。検討事項は、半導体・デジタル産業の環境変化について情報共有を行った上で、経済・社会の持続的成長を実現するための産業政策の方向性について、以下の観点を中心に意見交換を実施しました。

①半導体技術・半導体製造
②デジタルインフラ整備

③デジタル産業（ソフトウェア、ITベンダー等）

出席者からの意見では「現状を踏まえると、日本の半導体産業の再興は容易ではない。日本の半導体産業に対する大きな危機感が共通認識としてある」という危機意識の下、従前と次元の異なる対策をとるべきという認識が共有されました。

「新たなゲームチェンジとして、計算方法のアーキテクチャ、データ分析が変わっている。これまでの考え方にとらわれず、技術開発等を進めていくべき」「半導体は複雑なサプライチェーンで支えられており、日本だけでそのサプライチェーンを構築することは難しい。国際連携を含めて進めていくべき」との意見も出されました。

これまでの自前主義を捨て、海外企業と積極的に連携を図る必要性を説いているのです。

TSMCが熊本にやってくる！

海外との連携の大きな具体例が、2021年に熊本県菊陽町に設立されたJapan Advanced Semiconductor Manufacturing

（JASM、ジャパン・アドバンスト・セミコンダクター・マニュファクチャリング）です。

台湾TSMCが過半を出資し、2016年にソニーの半導体事業が分社化されたソニーセミコンダクタソリューションズ（SSS）とデンソーが少数株主となっています。日本の最大の弱点だった、ファウンドリー機能がついに手に入るのです。

工場は2022年4月に着工し、まもなく完成。2024年中の稼働を目指しています。22／28ナノメートルプロセスに加えて、12／16ナノメートルFinFETプロセス技術による製造も担い、月間生産能力は5万5000枚（300ミリメートルウェハー）の予定です。FinFETは日立製作所が開発、インテルが商用化した先端半導体の微細化技術です。

熊本県は、300ミリメートルウェハーでのイメージセンサー生産のために、2009年に厚木の本社から研究開発部門がごっそり移動してきた、ソニーグループの半導体開発の中枢です。

ソニーの半導体は、光を感じて電気信号に変換するイメージセンサー（撮像素子）が主力で、前世代のCCD（電荷結合素子）イメージセンサーはビデオカメラ用に製品化されました。全日本空輸（現ANAホールディングス）の飛行機のコクピットカメラなど業務用から8ミリカムコーダー（VTR一体型ビデオカメラ）に搭載され、民生用の動画撮影カメラでは9割の圧倒的なシェアを誇っていました。

CCDの次の世代がCMOS（相補性金属酸化膜半導体）イメージセンサーで、処理速度が高速化し、高精細かつ高速に撮影ができるようになります。ハイビジョン放送や4Kデジタル放送には欠かせないデバイスです。

ソニーがCMOSイメージセンサーを商品化したのは2000年です。ペットロボット「AIBO《アイボ》」の目にも使われました。2003年から携帯電話のカメラ向けにも供給されています。

2005年秋にCCDイメージセンサーにワイヤーボンディングの不良による品質トラブルが生じたり、自社開発した半導体を搭載した新ゲーム機「プレイステーション3」が金食い虫だったりといったこともあって、ハワード・ストリンガーCEOは半導体事業の売却や東芝とのJV（合弁）化まで模索したこともありましたが、首の皮一枚で事業本部が存続しました。

イメージセンサーが最先端の半導体ほどの微細化を必要とせず、また市場の小ささゆえ巨大なライバルが参入してこなかったことも**ソニーには幸運**でした。先端プロセス開発はやめ、**CMOSに経営資源を集中**していきます。

暗い光でも鮮明な画像や動画が撮影できる裏面照射型CMOSは開発まで大変な苦労をした製品ですが、デジカメに搭載されヒット。さらにスマートフォンにも採用され、海外メーカーも含めた業界標準となっていきました。

自分を写す「自撮り」の流行で画面側にもイメージセンサーが搭載され、ソニーの裏面照射型CMOSイメージセンサーの市場は爆発的に拡大しました。最新機種では2〜3眼カメラが当たり前、上位機種では4眼カメラまで登場するなど、**マーケットの拡大は続いています。**

ソニーはTSMCにプレイステーションのコアLSIを生産委託しており、ビジネス上の付き合いがすでにありました。アップルのiPhoneにもソニー製品が搭載されているため、TSMCにとってもソニーとの関係強化は渡りに船です。

日本政府も全面的にバックアップしました。2021年12月に日台連携の半導体サプライチェーン強化を確認したほか、5G促進法（特定高度情報通信技術活用システムの開発供給及び導入の促進に関する法律）を改正して、半導体に関する設備投資に国が支援できるようにしました。TSMC熊本の拠点整備コストは国が半分を負担することなり、**経済産業省は4760億円という異例の高額**を提示しています。

先端半導体は各メーカーが独自に開発していますが、量産化のためにファウンドリーとの密接な情報交換が欠かせません。日本国内にファウンドリーを持つことで、日の丸半導体全体の技術水準が引き上がる効果が期待されています。

工場の稼働による経済波及効果は1兆8000億円、2022年からの10年間合計では4兆2900億円と試算されています。約80社が熊本県内で拠点施設・工場を増設しており、雇用効果もJASMの直接雇用1700人を含め全体で7500人が見込まれています。

アメリカIBM首脳からの一本の電話

JASMよりさらに次世代の2ナノメートル世代の半導体を製造するビッグ・プロジェクトが2022年11月11日に公表されました。同年8月に設立された**新会社Rapidus（ラピダス）**のお披露目です。日本で本格的に最先端の半導体製造を行う企業の立ち上げは20～30年ぶりとなります。

現在、日本で製造しているのは線幅40ナノメートルが最小で、TSMC熊本が10～

20ナノメートル。海外で量産されている最先端でも3ナノメートルで、2ナノメートル世代を量産化している企業はありません。

ラピダスにはトヨタ自動車、デンソー、ソニーグループ、キオクシア、NEC、NTT、ソフトバンクが10億円ずつ出資、さらに三菱UFJ銀行が3億円を出資しています。

きっかけはアメリカIBM幹部からの1本の電話でした。2019年に**「2ナノメートル世代の技術を提供したい」**と申し出があったのです。IBMも量産からは撤退してTSMCなどを利用していましたが、サプライチェーンの不安を感じていたようです。IBMの台所事情が大きかったでしょうが、私はアメリカ政府の意向も大きかったのではないかと推察します。

ラピダスは北海道千歳市に工場を建設し、2027年からの量産開始を目指しています。2023年9月には現地で起工式が行われました。経済産業省からは、新エネルギー・産業技術総合開発機構（NEDO）が公募した先端半導体の製造委託事業として700億円の支援が決定しています（2022年11月）。さらに2023年4月には追加支援2600億円も決定しています。

巨大なファウンドリーであるＴＳＭＣの物量に対して、**顧客の設計支援から最終工程のパッケージングまで一気通貫して手がけ、短納期を武器にする戦略**です。

「半導体王国」復権への課題

２０２２年２月にロシアがウクライナに侵攻し、２０２３年10月にはハマスとイスラエルの軍事衝突も起きました。令和の時代は**地政学リスクと無縁では生きられなくなっています。**コロナ禍では半導体不足が自動車や一般家電製品にまで影響を及ぼし、半導体サプライチェーンの問題点を、みなさんもいやおうなく意識したことと思います。

こうした状況をふまえて、経済産業省は２０２３年６月に**「半導体・デジタル産業戦略」**を改定しました。「２０３０年に国内で半導体を生産する企業の合計売上高（半導体関連）として、15兆円超を実現し、我が国の半導体の安定的な供給を確保する」ことを中期目標としています。

３ステップで世界の最先端を狙う戦略です（図Ⅱ－４）。２０２０年代前半、つまり足元が**「ステップ１」**で、国内製造拠点の整備が基本戦略です。ＴＳＭＣ熊本などが

	ステップ1 足下の製造基盤の確保	ステップ2 次世代技術の確立	ステップ3 将来技術の研究開発
先端ロジック半導体	✓国内製造拠点の整備	✓2nm世代ロジック半導体の製造技術開発 ✓Beyond 2nm実現に向けた研究開発（LSTC）	✓Beyond 2nm実現に向けた研究開発（LSTC） ✓光電融合等ゲームチェンジとなる将来技術の開発
先端メモリ半導体	✓日米連携による信頼できる国内設計・製造拠点の整備	✓NAND・DRAMの高性能化 ✓革新メモリの開発	✓混載メモリの開発
産業用スペシャリティ半導体	✓従来型半導体の安定供給体制の構築	✓SiCパワー半導体等の性能向上・低コスト化	✓GaN・Ga_2O_3パワー半導体の実用化に向けた開発
先端パッケージ	✓先端パッケージ開発拠点の設立	✓チップレット技術の確立	✓光チップレット、アナデジ混載SoCの実現・実装
製造装置・部素材	✓先端半導体等の製造に不可欠な製造装置・部素材の安定供給体制の構築	✓Beyond 2nmに必要な次世代材料の実用化に向けた技術開発	✓将来材料の実用化に向けた技術開発
人材育成	✓地域の特性に合わせた地域単位での産学官連携による人材育成（人材育成コンソーシアム等） ✓次世代半導体の設計・製造を担うプロフェッショナル・グローバル人材の育成		
国際連携	✓日米関係では、日米半導体協力基本原則に基づき、共同タスクフォース等の枠組みを活用し、米NSTCとLSTCを起点に連携を深め、次世代半導体の開発等に取り組む ✓EU・ベルギー・オランダ・英国・韓国・台湾等の諸外国・地域と、次世代半導体のユースケース作りや研究開発の連携等に関し、相手国・地域のニーズ等に応じて進める		
グリーン	✓PFAS規制への対応 ✓半導体の高集積化・アーキテクチャの最適化・次世代素材開発により、半導体の高性能化・グリーン化を実現		

図II―4　3ステップで世界の最先端を狙う
分野別の半導体戦略

（出所）経済産業省

該当しています。2020年代後半の「ステップ2」では次世代技術の確立として、2ナノメートル世代ロジック半導体の製造技術開発が掲げられており、ラピダスの稼働が該当します。

そして2030年以降の「ステップ3」では、現在の産業構造を大きく変革する「ゲームチェンジ」となる将来技術の開発が目標に掲げられています。その最右翼となっている技術が「光電融合」です。信号伝送や計算に電気でなく光を使う技術で、これまでの半導体によるコンピューターの概念を塗り替えてしまう可能性があります。

もともと半導体には抵抗があるため、電流が流れると電力が熱に変化して過熱したり、失われたりしてしまうエネルギーロスがあります。ところが、光信号はこのロスを低減できるのです。

AI化やIoT（モノのインターネット）化が進むと、現在より膨大な情報処理が必要となり、既存の情報通信システムでは伝送能力と処理能力の双方で限界が訪れてしまいます。

NTTによれば、日本のインターネット内の1秒当たりの通信量が2006年から約20年間で190倍になるという推計や、世界全体のデータ量が2010年から15年間で90倍に増加するという推計（図Ⅱ－5）があるといいます。

IoTの進展によるネットワーク接続デバイスの爆発的な増加によってもネットワークの負荷が高まり、エネルギー消費も膨大になってしまうのです（図Ⅱ－6）。

NTTのIOWN《アイオン》（Innovative Optical and Wireless Network）構想は、光を中心とした革新的技術を活用した高速大容量通信、膨大な計算リソースを提供することができる端末を含むネットワーク・情報処理基盤の構想です。2024年の仕様確定、2030年の実現をめざして、研究開発を進めています。

通信から演算まですべてが光で完結する「オール光ネットワーク」「オール光コンピューティング」が実現した未来に、われわれの生活はどのように変化しているでしょうか。いまから楽しみですね。

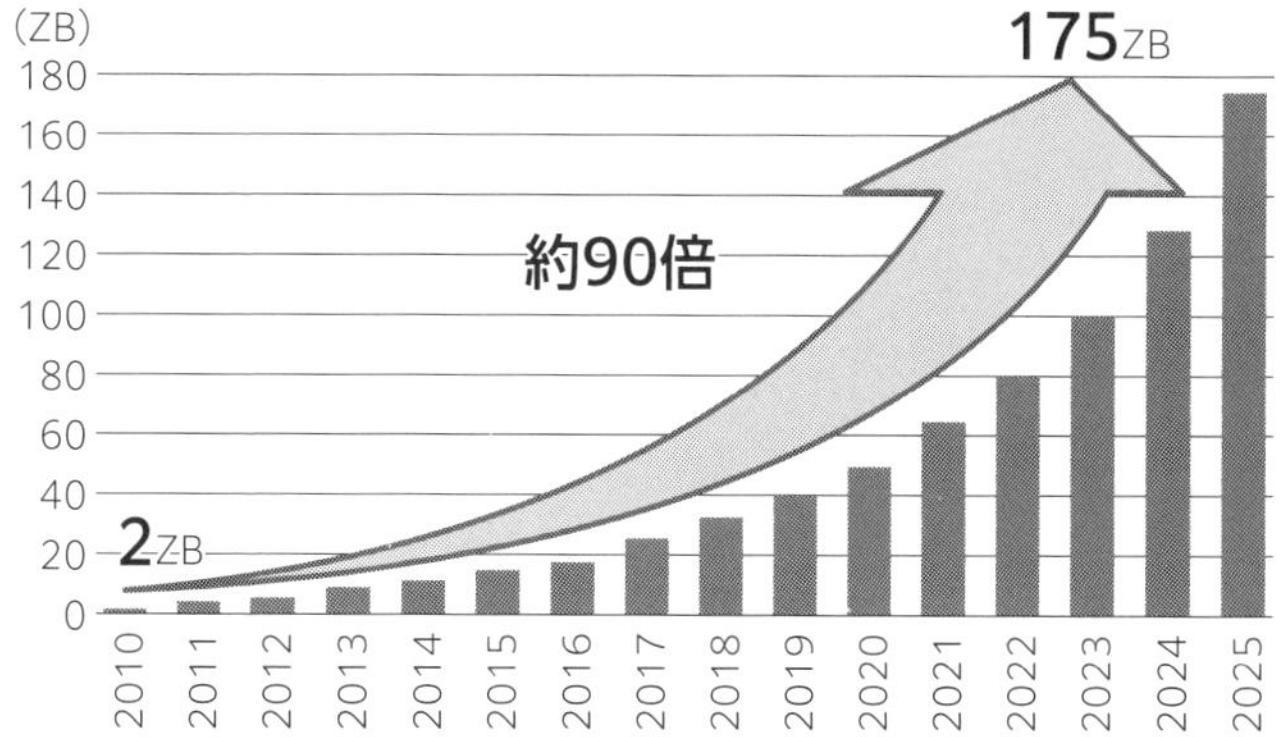

図II—5　世界全体のデータ量は加速度的に拡大

（出所）NTTホームページより

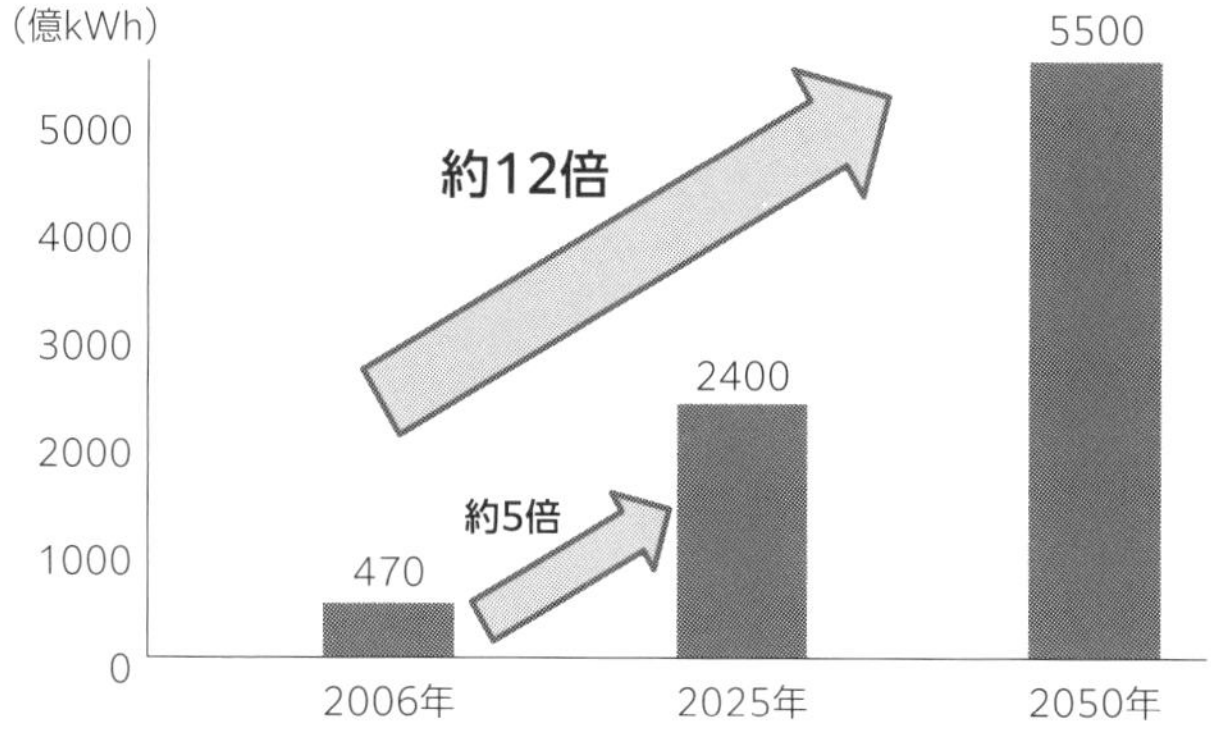

図II—6　消費電力も大幅に増加
IT機器の消費電力の推計

（出所）NTTホームページより

第3章

商業・ビジネス

インバウンドで日本は「観光大国」になる!

ゴールデン・チェンジを生む起爆材、インバウンドの復活と再成長

ゴールデン・チェンジを生む起爆材、「金の卵」の二つ目が**インバウンド（訪日外国人観光客）**です。新型コロナウイルス感染症による厳しい外出制限が緩和され、全国各地の観光地に外国人旅行客が復活してきています。

この間、私が群馬県の四万温泉《しま》に週末に旅行しようと思って旅館に問い合わせたら、「予約はできますが、台湾から団体客が大勢来ているのでうるさいかもしれませんよ」と言われてしまいました。どこの観光地でも、インバウンドの取り込みに躍起な様子がうかがえます。

日本にとって、インバウンドはいくつもの理由で**今後の経済成長の大きな牽引車**となります。まず当然ですが、コロナからの復活が見込めることです。

他の先進国に比べて、行動規制の緩和がやや遅れた日本では、2022年までの3年間、訪日外国人旅行者数が大きく落ち込んでいました（図Ⅲ-1）。

これが足元では、**急速に回復**してきています。日本政府観光局（JNTO）の集計では、2023年10月時点での訪日外客数（推計値）は251万人で、コロナ前の2

０１９年の同月（２４９万人）をついに上回りました。

シンガポール（前年同月比31・４％増）やインドネシア（同29・１％増）をはじめとした東南アジア、あるいはアメリカ（同38・２％増）やカナダ（同37・３％増）を含む米州（南北アメリカ大陸）などからの旅行者数が大きく増加していることが今回の押し上げ要因となりました。

また、集計対象の全23市場のうち14市場（韓国、台湾、シンガポール、インドネシア、フィリピン、ベトナム、インド、オーストラリア、アメリカ、カナダ、メキシコ、ドイツ、イタリア、スペイン）において10月としては過去最高を記録。カナダ、メ

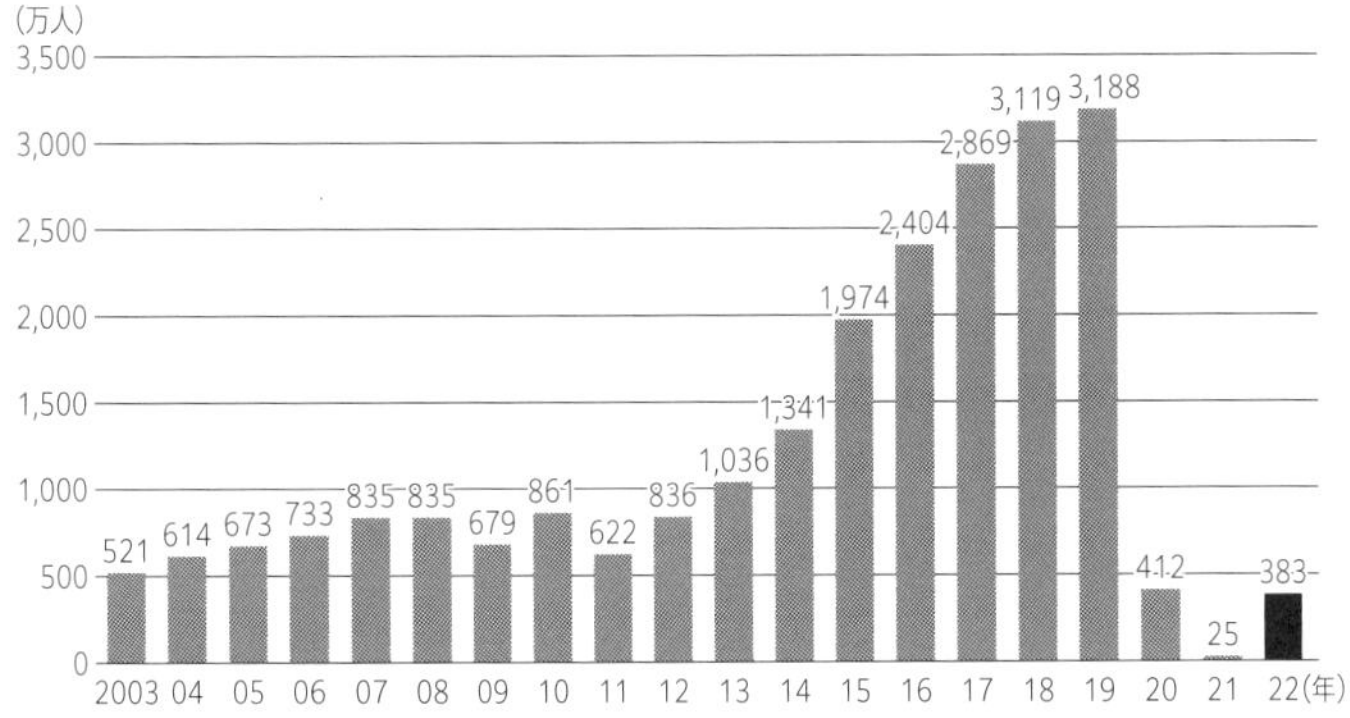

図Ⅲ—１　コロナ前は着実に増えていたインバウンド
訪日外国人旅行者数の推移

（出所）観光庁

キシコ、ドイツは単月で**過去最高を更新**しています。

インバウンドは世界的な成長産業である

視点を世界に広げてみましょう。国連世界観光機関（UNWTO）によれば、「観光は2020〜2022年の間、COVID-19（新型コロナウイルス）のパンデミックにより、観光史上最悪の危機を迎えた」といいます。

国際観光客到着数（一泊以上の訪問客）は、2019年の14億6500万人が2020年には一気に4億7000万人となりました。世界的なロックダウン（都市封鎖）、渡航制限の広まりによる観光需要の低迷が影響して、わずか1年間で72%もの大幅減となってしまったのです。

世界中がパンデミックと戦い、ありとあらゆる規制がほとんど継続実施されたため、2021年の到着数はわずかに増加した程度で、依然として2019年の69%減の水準でした。その一方で、国内観光については各国の行動規制の緩和もあり、緩やかに回復していています。

続く2022年は、底堅い繰り越し需要と規制緩和によって、国際観光が部分的に回復してきます。到着者数は2021年比較で2倍以上に急拡大します。とはいえ、2019年に比べればなお34％低い水準でした。

2020〜2022年の3年間で、26億もの到着者数が消滅してしまったのです。この数字は、2019年の到着者数のほぼ2倍に相当します。

国際観光によるインバウンド消費は、訪問先のGDPでは輸出に計上されます。「観光輸出収入」、つまり国際観光による輸出収入も、コロナ禍の2020年に2019年比62％減、2021年に同59％減となりました。2022年には回復しましたが、2019年比ではやはり34％下回ったままです。

観光輸出収入の損失総額は、この3年間で2兆6000億ドルに達しています。これは**2019年に得られた収入の1・5倍**です。

観光GDPで測定される観光の経済貢献は、2019年には世界全体のGDPの4％でしたが、パンデミックによって2020年と2021年に2％まで半減しました。2022年には2・5％（暫定値）まで戻してきましたが、3年間の損失総額は4兆2000億ドルに達しています。

しかし、UNWTOが2023年9月26日に公表した資料「世界観光指標（Wor

ld Tourism Barometer)」(2023年9月号)では、**「国際観光はパンデミックによる打撃を迅速に乗り越えた」**と宣言しています。

国際観光客到着数は2023年7月末までに、**パンデミック前の水準の84%**に達しています。2023年1~7月の国際観光客到着数は7億人で、前2022年同期比で43%増となりました。直近の7月が1億4500万人で7カ月間総数の約20%を占めています。尻上がりの復調です。

地域別にみると、中東が7カ月でパンデミック前の水準を20%上回り、最も高い結果を示しています。同地域は、2019年の水準を上回った唯一の地域です。

ヨーロッパはパンデミック前の91%、アフリカは92%、米州は87%まで回復してきています。アジア・太平洋地域は、日本や中国など行動制限の緩和が遅い国もあるため、パンデミック前の水準の61%までしか回復していません。それでもUNWTOの見通しでは、**2023年通年では世界全体でパンデミック前の80~95%の水準に達する**とみられています。

2019年までの段階では、国際観光は世界経済を上回る成長を続けており、また多くの雇用を創出していました(図Ⅲ-2)。ポストコロナでもこのトレンドは継続しますので、**日本のインバウンド拡大の強力な追い風**となるのです。

日本には「独自ののびしろ」が多い

コロナからの復元需要、そして世界的な市場の拡大という追い風に加えて、日本ならではの事情もインバウンドを押し上げます。

まず一つ目は、円安です。輸入品の価格上昇は日本の消費者にとってはインフレを招いて痛手ですが、外国人にとっては自国通貨高となり、日本の商品・サービスがより魅力的な**「お値打ち価格」**に感じられるからです。

日本銀行の金融緩和が若干後退したこ

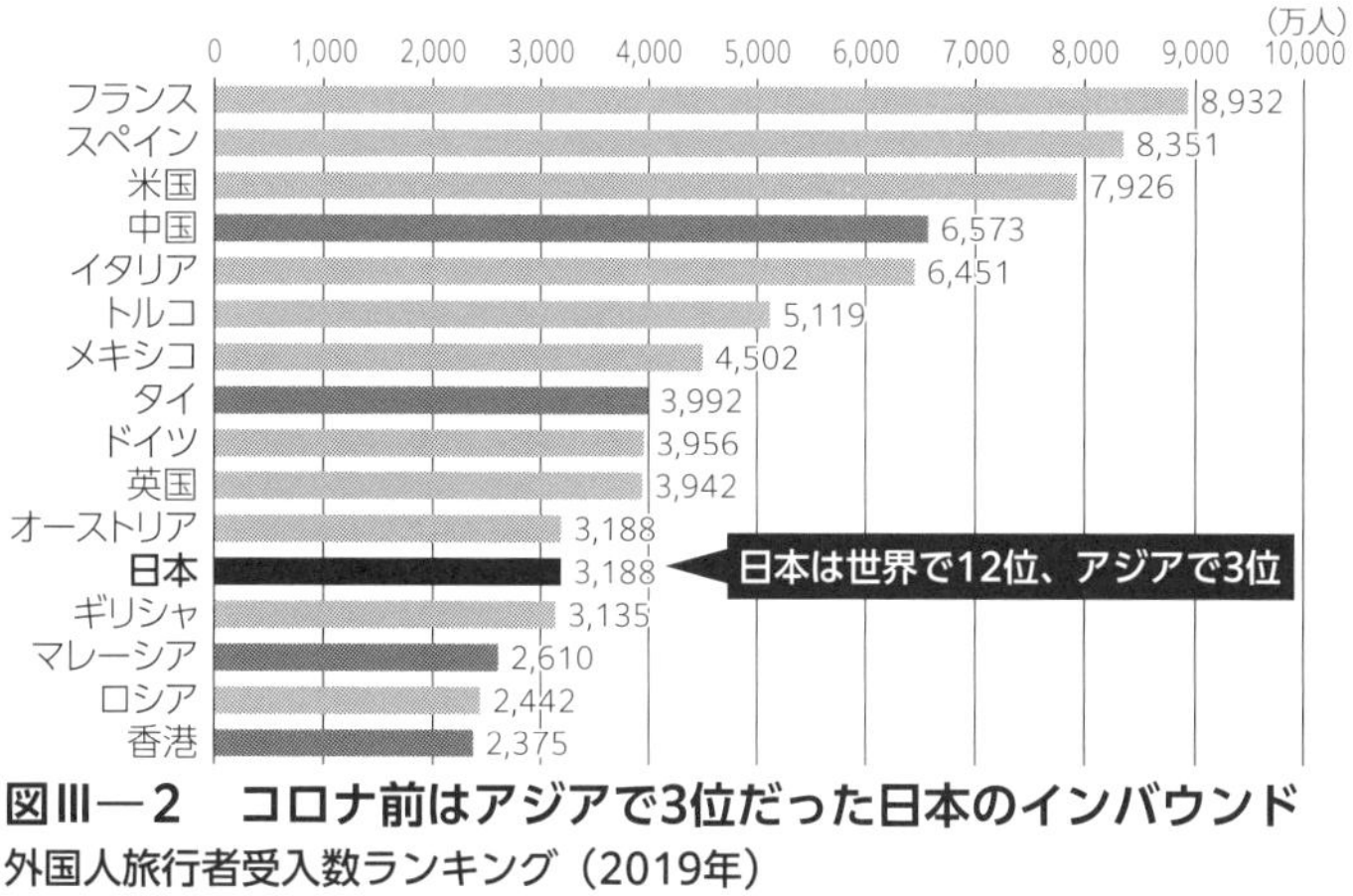

図Ⅲ—2　コロナ前はアジアで3位だった日本のインバウンド
外国人旅行者受入数ランキング（2019年）

（出所）「観光白書」2020年

とで、今後は急な円高に転換すると予想する声もありますが、その可能性は小さいと思います。アメリカ景気が堅調で、緩やかな物価上昇が続いているためで、FRB（米連邦準備制度理事会）はこれ以上に金利を上げることはないでしょう。

一方で、アメリカ経済が大きく落ち込まない限り、利下げの可能性も低いです。この先、日本がマイナス金利をやめたとしても、日米金利差が急激に縮まることはまずないと考えられるのです。

先進国の中では、GDPに占める国際観光の比率が低いことも、これからの日本のインバウンドの「のびしろ」として期待できます。

政府の地道な取り組みが実を結びつつある

日本でインバウンドが少なかった理由の一つに、官民を挙げた振興策にあまり力を入れてこなかった歴史があります。これも逆に考えれば「のびしろ」の一つです。

大手旅行代理店のJTBは、1912年（明治45年）の創業時は外客誘致、すなわちインバウンドの振興のために設立されました。英米人たちに日本の真の実情を知ってもらうことが目的でした。その後、太平洋戦争を経て日本が復興していく中で、高度経済成長から日米経済摩擦となったことは第2章や第4章でも述べています。日本の内需拡大と同時に、経常収支を改善する目的からも日本人の海外旅行が奨励され、円高によって割安になった海外旅行（アウトバウンド）が急拡大してインバウンドを大きく抜いていきました。

ところがバブル崩壊後は海外旅行だけでなく国内旅行も縮小したため、日本の観光地や宿泊施設は不況産業になってしまったのです。

政府ではこの悪循環を転換すべく、改めてインバウンドの振興を旗頭に掲げました。2003年1月に小泉純一郎首相が「観光立国懇談会」を主宰し、同4月に「ビジット・ジャパン事業」が開始されました。2003年のインバウンド客は520万人程度です。

2006年12月に**「観光立国推進基本法」**が成立し、観光が21世紀における日本の重要な政策の柱として初めて明確に位置づけられました。基本的施策として、国際競争力の高い魅力ある観光地の形成、観光産業の国際競争力の強化及び、観光の振興に寄与する人材の育成、国際観光の振興、観光旅行の促進のための環境の整備に必要な施策を講ずること、としています。

基本的な方針

持続可能な観光地域づくり戦略

■観光振興が**地域社会・経済に好循環**を生む仕組みづくりを推進する
■観光産業の**収益力・生産性を向上**させ、**従事者の待遇改善**にもつなげる
（「稼げる産業・稼げる地域」）
■**地域住民の理解**も得ながら、地域の**自然、文化の保全と観光を両立**させる
（「住んでよし、訪れてよし」）

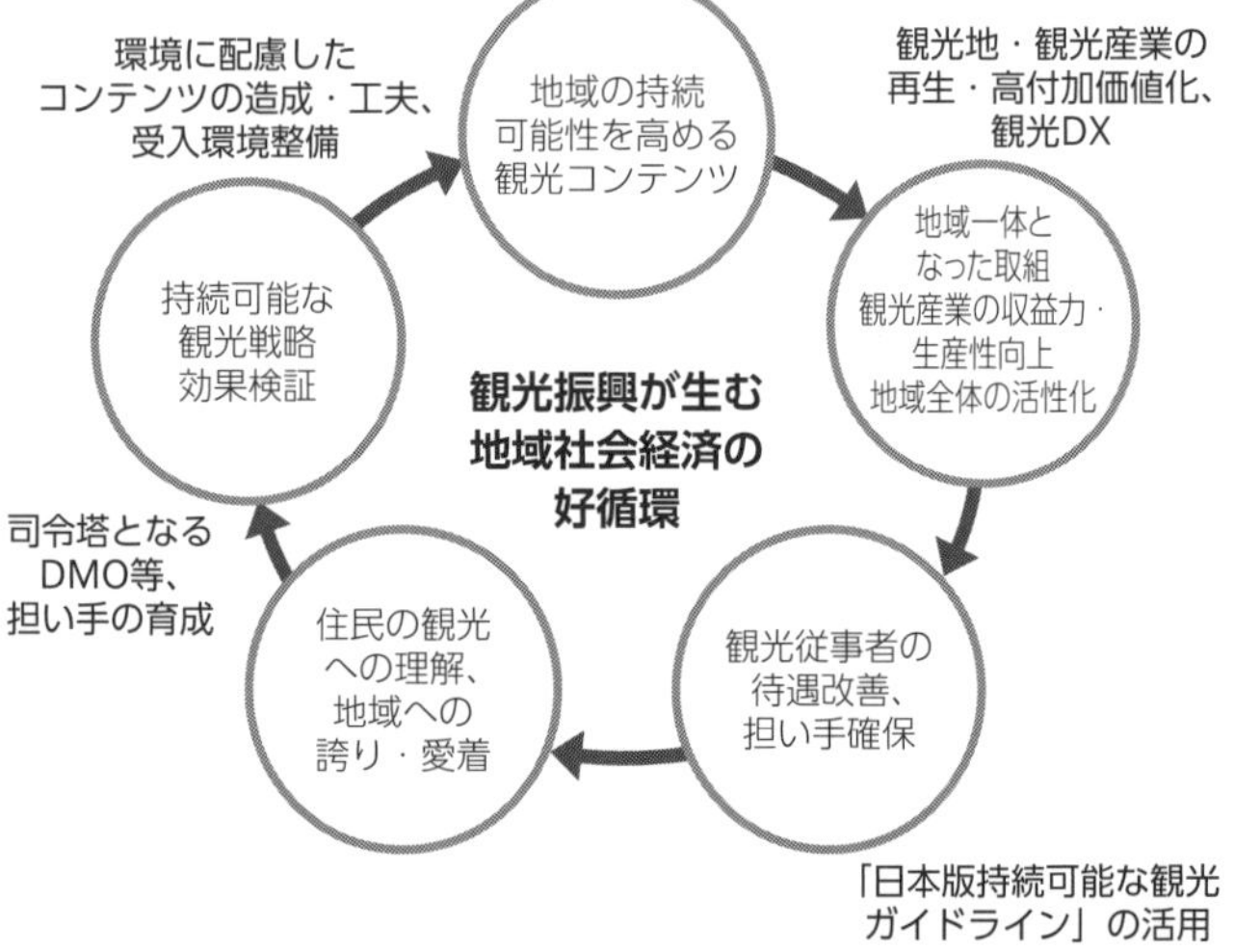

インバウンド回復戦略

■**消費額5兆円の早期達成**に向けて、施策を総動員する
■**消費額拡大・地方誘客促進を重視**する
■**アウトバウンド復活**との相乗効果を目指す

国内交流拡大戦略

■国内旅行の**実施率向上、滞在長期化**を目指す
■旅行需要の平準化と関係人口の拡大につながる**新たな交流需要の開拓**を図る

図Ⅲ—3　インバウンドで地域社会に好循環をつくる
持続可能な観光地域づくり戦略の基本方針

（出所）観光庁「観光立国推進基本計画」

２００８年10月に観光庁が設置され、２００９年7月から中国個人観光ビザ発給が開始されます。東南アジア諸国からの渡航要件も漸次簡略化され、現在のインバウンド客の隆盛につながっています。

国の推進計画やアクション・プランの数次の変革を経て、２０２３年3月31日に最新の**「観光立国推進基本計画」**が閣議決定されています。持続可能な観光地域づくりに取り組む地域数を２０２５年までに１００地域（２０２２年実績12地域）に増やすことなどが目標となっています（図Ⅲ－3）。

インバウンドの回復も喫緊の課題で、**訪日外国人の旅行消費額を「早期に5兆円にする**（２０１９年は4・8兆円）**」**としているほか、**初めて消費額単価の目標も設定し、２０２５年までに20万円にする**（同15・9万円）と意気込んでいます。

地域の特性をインバウンドに生かす

経済産業省の「令和元年度内外一体の経済成長戦略構築にかかる国際経済調査事業」における「インバウンドとアウトバウンドの好循環創出に向けた調査研究」の報告書では、地域一丸となってのインバウンド集客の成功例がいくつも紹介されています。

たとえば、新潟県の燕三条地域は、包丁など刃物で有名な国内有数の金属産業の集積地ですが、近年は「工場《こうば》の祭典」という産業観光のイベントが海外からも注目を集めています。

製品の販売ではなくて、「オープンファクトリー」といって、工場を開放して製作現場をそのままお客さんに見せる形態です。「製品の良さ」や「価値」の理解を促進して、後継者不足や需要の減少などによる閉業・廃業の問題を解決することが目的です。

前述の「調査研究」によれば、成功の要因は①**官民双方のリーダーシップによる地域連携**、②**外部マーケッターによる監修（プロデュース）とデザインの導入**、③**新しいものを受け入れ時代に適応する力とデザインに対する理解**、④**若手への早期権限委譲の風土**、だといいます。

日本を訪れる観光客は、以前から日本に興味・関心があり、異文化にじかに触れたいと考えています。日本人に正しく評価されている品質や価値は外国人にも伝わりますし、**外国人に人気の店には日本人も集まる**ので、国内観光の底上げにもつながると

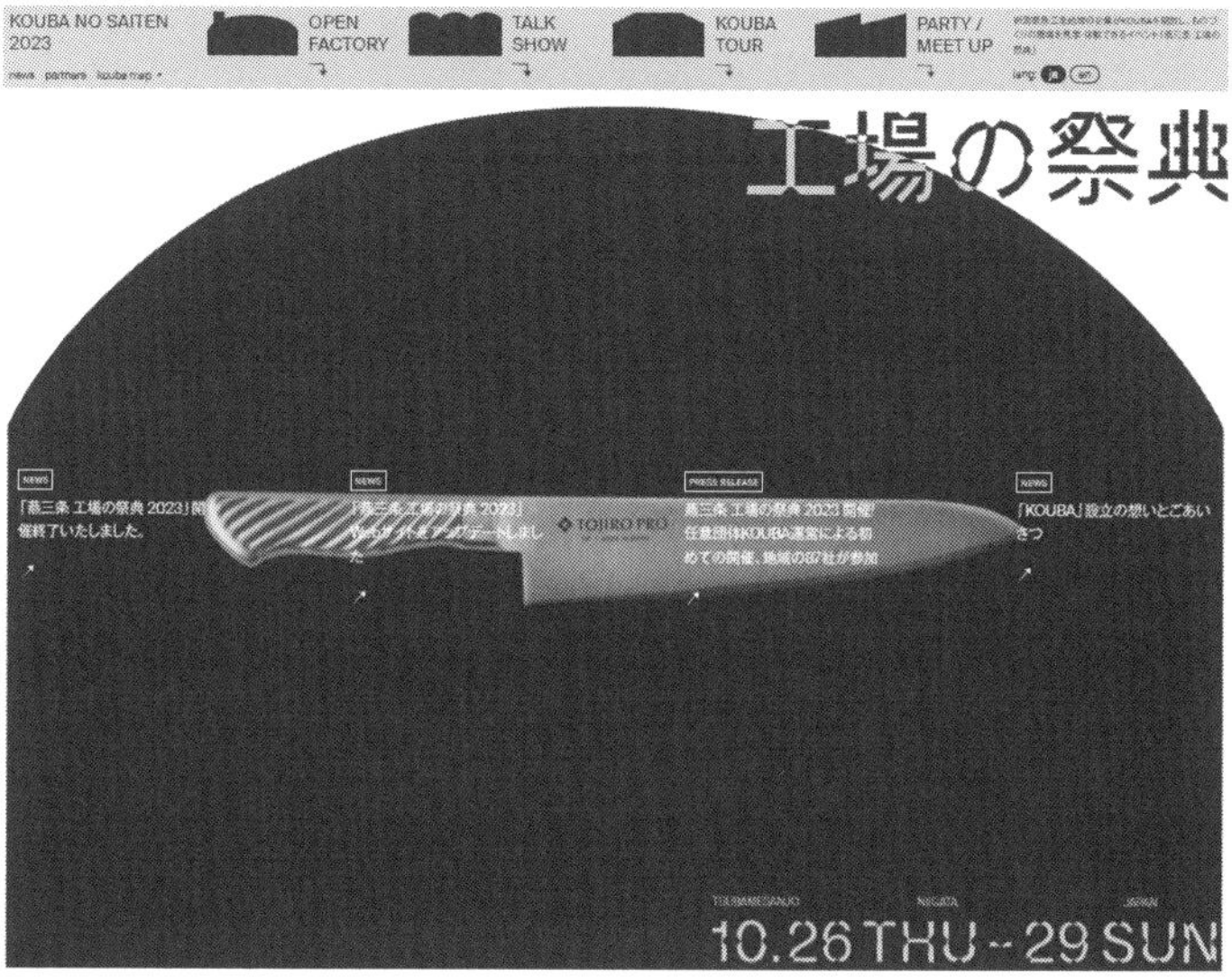

（出所）「工場の祭典 2023」の HP より

（写真上）新潟県の石打丸山スキー場のスノードーム
（下）秋田県の八幡平のドラゴンアイ。雪と氷が作り上げた「自然の瞳」だ
（出所）石打丸山スキー場公式 HP ／安比高原スキー場公式 HP より

思います。

新潟県の石打丸山スキー場は、インバウンド向けに「スノーガーデン」エリアをオープンさせ、「スノードーム」などノンスキーヤーでも楽しめるようにして国内外で新たな需要を創造しています。外国人客の親子がスキーもせず、ただ雪とたわむれて遊んで喜んでいるのを見て、**スキー以外の需要の発掘**というアイデアを思いついたのだといいます。

秋田県の「八幡平ドラゴンアイ」も、いまは日本人にも有名な気象現象ですが、もともとは台湾人観光客のSNSが起点だったそうです。日本のおもてなしに感動した旅行者は、自らのブログやX（旧ツイッター）、フェイスブックにその体験を無償でアップしてくれます。それがインターネットを通じて世界中に伝わり、新たな訪日客を生むのです。

日本の食を世界に売るガストロノミーツーリズム

外国人訪日旅行客が日本に期待しているのは、自然だけでなく、特徴的な日本の「食」です（図Ⅲ－4）。各地の多様な食文化やそのストーリーの魅力に触れる**「ガス**

トロノミーツーリズム」です。

「ガストロノミー（美食学）」と聞くと、高級なフランス料理レストランといった贅沢な食事を金持ちが楽しむだけのようなイメージを持つ方が多いかもしれませんが、雑誌『自遊人』の岩佐十良《とおる》氏が代表理事を務めるローカル・ガストロノミー協会は、地域の風土、歴史、文化を料理に表現することを「ローカル・ガストロノミー」としています。

「地産地消」の考え方と共通する部分もあり、地域を総合的に学び、サスティナブルな食環境を考え、自分の料理に地域を表現していくのです。地域の風土・文化・歴史を表現する料理や食品を地域のコンテンツのキーアイテムとして、「食」によって地域ブランドを向上させるのです。

レストランなど外食産業だけでなく、農産物生産者、加工業者、観光業に携わる人々が相互に連携して、ともに持続的に発展していくことを目的としているのです。

ガストロノミーツーリズムの長所として、景観や産業など強力な観光資源を持っていない地域でも実施が可能であることが挙げられます。地元で昔から普通に食べてきた料理でその土地固有のアイデンティティを形成できれば、他の地域との差別化要因

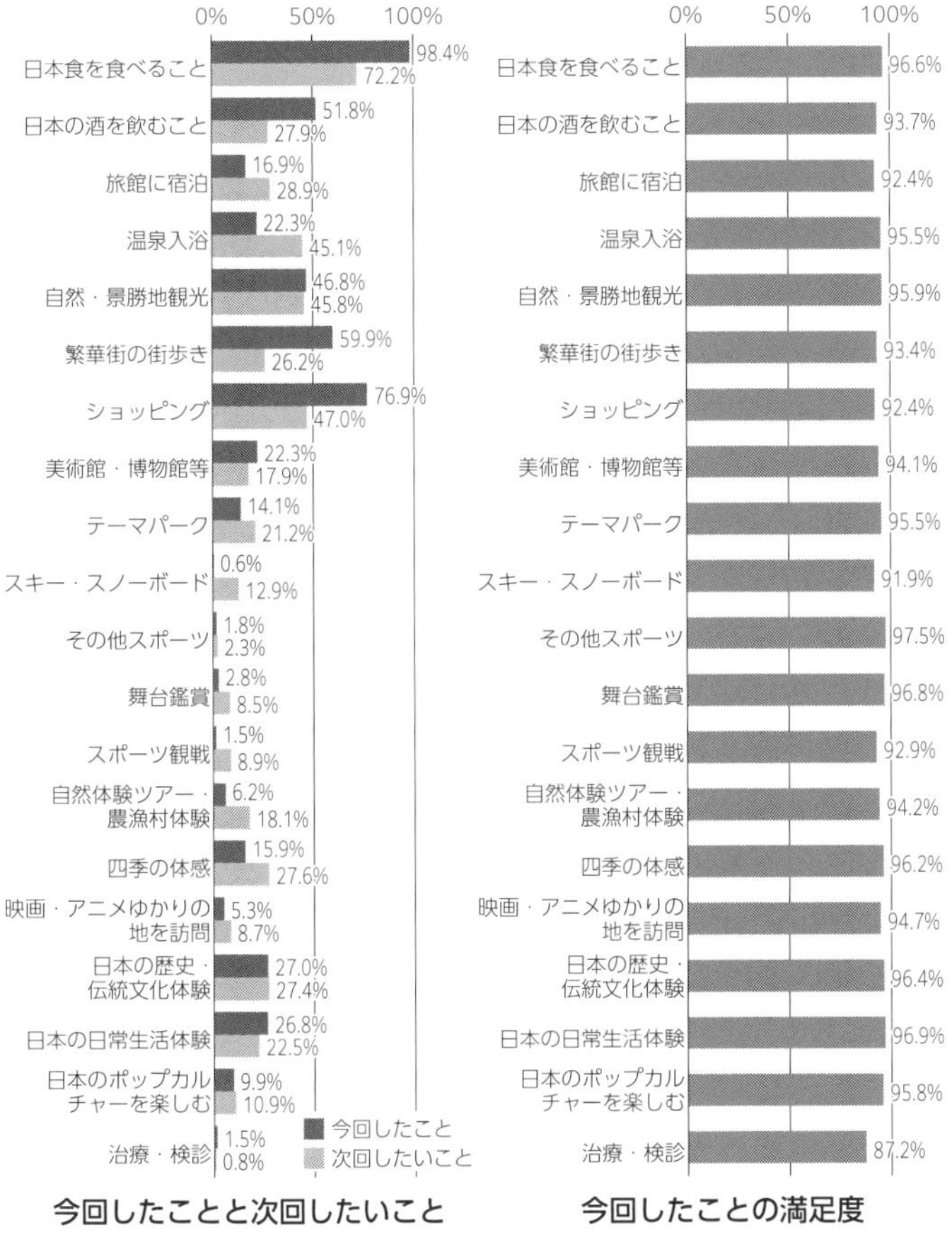

図Ⅲ―4　日本食を楽しみたい旅行客が多い

（注）複数回答
（出所）観光庁「訪日外国人の消費動向」2022年

となり、絶対的な競争優位の源泉とすることができます。

また、ガストロノミーツーリズムを好む旅行客は、平均的な旅行客よりも高学歴で知的好奇心が強く、購買力も高い傾向があるといいます。彼らが満足するレベルのガストロノミー体験を提供できれば、強力なインフルエンサーとなって世界中にその地域の魅力を発信してくれるはずです。

風景やイベントによる集客はハイシーズンとオフシーズンとの繁閑の差が生じやすく、売り上げや雇用を安定させるのが大変です。その点、ガストロノミーツーリズムなら、そうした観光シーズンを前後に延長することが可能となるかもしれません。飲食業中心のため、労働集約的特性による雇用創出効果も大きいはずです。

観光大国フランスを目指すのは決して不可能ではない

観光立国を目指す**日本が参考にすべき国が、フランス**です。歴史的遺産、緑の多い自然、多様な芸術作品、そしてワイン、チーズをはじめとしたおいしい料理の数々と、海外からの訪問客を引き付ける要素は枚挙にいとまがありません。
ラグビーワールドカップ２０２３ではフランスが大会会場となりました。フランス

ラグビーワールドカップのプレス資料。試合日程とともに周辺の観光情報も満載だ

（出所）フランス観光開発機構

の都市、トゥールーズを中心に各地で熱戦が繰り広げられ、日本代表の活躍に感動した方も多いと思います。

国レベルの観光担当機関、フランス観光開発機構（アトゥー・フランス）が作成したワールドカップのプレス資料には、地図や試合日程に加えて、「試合後のお楽しみ」「足をのばして」などと、ガイドブックのように親切な観光情報が数多く掲載されています。

フランスでは2024年にオリンピック・パラリンピックも開催されます。コロナ前には、海外旅行者の年間受け入れ数は総人口（約6500万人）を上回る約8800万人で世界トップを走っていました。

フランスにとって、観光業は重要産業です。農業立国、あるいはルノーなど自動車、さらにはエアバスを軸とした航空機製造などもありますが、GDPに占める割合では観光業が約7%でトップとなっているからです。

フランスは古来より国外からの旅行客を引きつけてきました。パリに行ってみたいという流れは、中世やルネッサンスのころにさかのぼるといわれます。所得水準の高い国が多いヨーロッパのほぼ中心に位置する立地条件のよさもあります。EU（欧州連合）域内では統一通貨ユーロで取引でき、パスポートも不要ですから、遠出の国内旅行をする感覚でパリやトゥールーズを訪れることができるのです。

とはいえ、**国を挙げて観光を前面に押し出したのは、フランスでも最近のこと**です。アトゥー・フランスは、観光PR機関だったメゾン・ド・ラ・フランスと、観光開発・技術供与・観測機関のODITフランスが統合して、2009年に創設された経済利益団体（GIE）です。

アトゥーはフランス語で「切り札」を意味し、国家レベルの観光戦略を一手に担うため、その傘下には国、地方自治体、観光業者やフランスの経済セクターからなる1300の会員が連携しています。

マーケティング戦略を統一することで、効率的に国内外の観光客へフランスの魅力をアピールし誘客できるのです。設立早々に、バラバラだったホテルの等級を、規模や設備に応じて公式に統一しました。

日本語に比べれば、フランス語ははるかに英語に近い言語ですが、とはいえ外国語。かつてのフランスなら、英語で話しかけても理解できないふりをするのがフランス人と揶揄されるほど英語嫌いというか、イギリス嫌いのようなところがありました。でも最近では、国際公用語は英語だと割り切って、観光客向けには英語できちんと応対するフランス人が増えています。

こうした取り組みは遅ればせながら日本でも進んできています。人口やGDPで上回る日本がフランスを凌駕した国際観光収入を得る未来は決して絵空事ではありません。北海道から沖縄まで、風土や気候の差が生む多様性を活用できれば、観光商材としてフランス同様に海外へ向けた魅力を大きくアピールできるはずです。

観光先進国に「憧れるのをやめましょう」

萩原朔太郎《さくたろう》は『純情小曲集／愛憐詩篇』の「旅上」にて「ふらんすへ行きたしと思へども　ふらんすはあまりに遠し」と書きました。年配の方々にとってフランスはあこがれの外国であり、世界中から観光客を引きつける圧倒的なブランドと思われるかもしれません。

ところが近年では、日本を訪れたいと考えている外国人が非常に多いのです。アメリカの大手旅行雑誌『コンデナスト・トラベラー』が2023年10月3日に発表した読者投票ランキング「リーダーズ・チョイス・アワード」の**「世界で最も魅力的な**

国」において、**日本は第1位**（前年は第2位）に選出されています。**人口50万人以上の大都市部門では東京が第2位**に選出されました（図Ⅲ－5）。

ラグビーワールドカップと並んで盛り上がった野球の世界大会、ワールド・ベースボール・クラシック（WBC）の決勝戦で日本がアメリカと対決する直前、大谷翔平選手が選手の円陣に向けて呼びかけた言葉は「憧れるのをやめましょう」でした。「2023ユーキャン新語・流行語大賞」にもノミネートされましたが、アメリカ大リーグの名だたる名選手を集めたアメリカチームに気後れすることなく、**自分たちの野球をすれば勝てる**、という決意が込められていたのだと思います。

早稲田大学大学院経営管理研究科の池上重輔教授は、「**2040年までにインバウンド年間訪日客数8000万人、年間観光消費総額25兆円は実現できる数値**」としています。世界全体の国際観光客数に対して日本が何％のシェアを取れるか、との発想からの逆算で、世界の国際観光客総数が20億人の時代なら、日本は4％の8000万人程度は獲得できるはずだといいます。

観光産業の裾野は広く、宿泊にとどまらず、地元の飲食・小売りへ波及するため、地方に雇用機会を生み出します。地元の魅力を売る観光業で生まれた雇用は海外に流出しません。日本の観光業、それも狭い意味でなく、日本経済全体に波及する意味でのインバウンド効果に大いに期待したいところです。

Condé Nast Traveler Readers' Choice Awards 2023

The Best Countries in the World（上位10位）

1位：日本
2位：イタリア
3位：ギリシャ
4位：アイルランド
5位：ニュージーランド
6位：スペイン
7位：ポルトガル
8位：イスラエル
9位：ノルウェー
10位：スイス

The Best Cities in the World（大都市部門　上位10位）

1位：シンガポール
2位：東京
3位：ソウル
4位：ケープタウン
5位：シドニー
6位：コペンハーゲン
7位：オスロ
8位：バンクーバー
9位：メルボルン
10位：エジンバラ

図Ⅲ—5　世界で最も魅力的な国、日本
都市別では東京が2位に

（出所）コンデナスト・トラベラー「リーダーズ・チョイス・アワード」よりJNTO作成

第4章

政治・外交

アメリカの対日方針の大転換

日本叩きを促した？　私のスピーチ

読者のみなさんに告白しなければならないのですが、私は実は「戦犯」です。といっても、太平洋戦争のことではありません。私は昭和10年（1935年）生まれで、日本の戦中戦後の時代もよく覚えています。1945年3月10日の東京大空襲では、昔から住んでいた東京・深川の家を焼き出されて、疎開していた私を除く、今井家の全員が清澄庭園の池の中に布団を持って飛び込みました。そのおかげで死者を出さずに済んだのです。このころはまだ紅顔の美少年です。

私が戦犯だというのは、アメリカの「日本叩き」を促してしまったと思っているからです。

1988年だったと思います。アメリカの金融街であるウォールストリートで全米アナリスト大会が開催された際に、日本人として初めて、日本経済の現状と将来についてスピーチしたのです。

スピーチ後の質疑応答で半導体戦争について問われ、私は「われわれ（日本）は勝った」と言ってしまった。下院議員3人がこれを聞いていて、その後しばらくして東芝のカセットレコーダーを、子会社が潜水艦の部品をソ連に輸出したかどで、ワシントンで打ち壊してみせるという荒業をしてみせたのです。

私は、正直言って胸が痛かったです。

かつて、日本は世界第2位の経済大国でした。日本は世界の半導体のシェア70%を占め、『ジャパン・アズ・ナンバーワン』なんて本がベストセラーになるほど大好調でした。**当時アメリカが、自分たちが追い抜かれるのではないかと脅威に思うほどに急成長してしまった**のです。

しかも、当時は自動車という、アメリカが得意で世界中の市場を押さえていたという自負があった産業でも打ち負かしてしまった。

その結果、アメリカの3大自動車メーカー「ビッグスリー」の1社であるフォードを中心に、アメリカの財界のトップ、特に軍産複合体やオイルメジャー(国際石油資本)が**「日本を叩こう」**と決めたのです。

プラザ合意からバブル経済に突入

具体的に何をしたかというと、まず第1は1985年9月、いわゆる**「プラザ合**

意」です。この時はアメリカ、日本に3カ国（イギリス、フランス、西ドイツ）を加えた5カ国の財務大臣・中央銀行総裁をニューヨークのプラザホテルに集めて、円高誘導を決めました。日本からは竹下登蔵相が参加しました。

当時の円ドルレートは1ドル＝235円から、1年間で150円台まで一気に80円の円高となりました。**日本国内は大不況**となりましたから、日本銀行はめちゃくちゃに金利を引き下げて、**マネーサプライ**（通貨供給量）を増やしたのです。

1986年12月から1991年2月までで、景気拡大局面が51カ月間続きました。この期間をバブル期とする見方もありますが、一般的な感覚では、1987年10月19日のブラックマンデー（香港市場発の世界的な株価大暴落）後の1988年から、「バブリーダンス」でおなじみのディスコ「ジュリアナ東京」が1991年5月に開業したころまで、ととらえるのがしっくりくるでしょう。

ジュリアナ東京（1991年5月15日〜1994年8月31日）は、東京のウォーターフロント（港区芝浦）で営業していた伝説的なディスコで、場内のお立ち台で大勢の女性が派手な照明と音響の中で羽根つきの扇子をくねらせながら踊る様子が、バブル期を象徴する映像として今でもよく放映されます。

日経平均は1986年初頭から3月上旬まで1万3000円前後だったものが、3月中旬から急上昇を始めます。**年末には1万8000円台**まで跳ね上がりました。その後もぐんぐん上昇を続けて、**1989年末の最後の営業日、大納会の12月29日の取引時間中に3万8957円の史上最高値を記録**します（当日の終値は3万8915円）。1986年初頭の約3倍まで上昇してしまったのです。

この時期、**地価も暴騰**しました。1986〜1987年の2年間で、首都圏の住宅地の公示地価は2倍以上になり、特に東京都区部では3倍弱まで上昇しました。1989年以降は地価上昇が大阪圏や名古屋圏まで波及していったのです。

株価や地価の上昇で、株式や土地の所有者の個人資産の評価（含み益）が向上します。**これを担保に低利で融資を受けた資金が株式市場や不動産市場に流れ込み、株価や地価がさらに吊り上げられる循環になり、バブル経済が形成された**のです。

一方で、バブル経済で打撃を受けた人々もいました。マイホームを手に入れようとしていたサラリーマン層です。**急激な地価の上昇によって、一般のサラリーマンには東京都内でマイホーム用の土地を取得することができなくなってしまいました。**現在のマンション価格上昇に通じるところがあります。

マスコミにも大きく取り上げられるようになり、土地価格の高騰を放置していると して、政府を厳しく批判するようになります。

対策を取らざるをえなくなった政府は1990年3月27日、大蔵省（現・財務省）銀行局長に1枚の通達を出させます。都市銀行、長期信用銀行、信託銀行、地方銀行、在日外国銀行、信用金庫、生損保会社などの金融機関を対象にした**「不動産融資総量規制」**です。

この通達の内容は、

①不動産向け融資の前年比伸び率を総貸出の前年比伸び率以下に抑える
②不動産業・建設業・ノンバンクの３業種への融資実態について報告を求める
③規制に違反した金融機関には是正を指導する

というものです。土地取引に流れ込んでいた融資を制限して地価上昇を抑制しようとするものでした。

これが想定以上の効果を発揮します。不動産価格は上昇が止まっただけにはおさまらず、そのまま暴落に転じたのです。

金融機関からの融資が突然打ち切られ、不動産の売買ができなくなってしまったのですから当然です。そして、売りたくても売れない物件が雪だるま式に膨らんで、その多くが**不良債権化**していきました。

バブル崩壊から失われた30年へ

当時の日本銀行の金融政策も、そのお膳立てをしています。三重野康総裁は1989年12月から、地価上昇を抑えるために急激な金融引き締め政策を実行に移します。12月に公定歩合（現在の政策金利）を3・75％から4・25％へ引き上げ、その後も1990年3月に5・25％、8月には6％へと引き上げていったのです。地価上昇に金融引き締めで立ち向かう三重野総裁を、マスコミは池波正太郎の小説『鬼平犯科帳』の主人公になぞらえて**「平成の鬼平」**と褒め称えました。

金融引き締めの影響で日経平均は1990年10月に2万円を割り込みます。この時期すでに地価上昇の伸びは鈍化していたので、株価下落に追い打ちをかけたのが総量規制だったともいえるでしょう。

日銀による金融引き締めと大蔵省による総量規制のダブルパンチで、不動産担保融資は担保割れとなり、銀行の不良債権が急増しました。

1991年7月になってようやく日銀は利下げに政策転換し、12月には総量規制も解除されましたが、**時すでに遅し。**株価も地価も下落が止まらず、**資産デフレは長期のデフレ**につながり、平成時代を通じて「**失われた30年**」と呼ばれる日本経済の長期停滞を招いてしまいました。

バブル崩壊後は三重野総裁の評価も一変しました。「**平成の鬼平**」**ではなくて**「**悪代官**」とすら呼ばれるまでになってしまったのです。しかし、三重野総裁がバブル潰しに邁進してしまったのには、それをあおったマスコミの責任も小さくはありません。

私は、金融引き締めにも総量規制にも猛反対しました。**急激なバブル潰しには強烈な副作用が伴う**とわかっていたからです。

失われた30年の現実は、私の意見の正しさを証明しました。日本の国富は当時2700兆円くらいありましたが、不動産が4割値下がりして、**日本経済はきわめて大きな打撃を受けてしまった**のです。

日本を叩き、中国を引き上げたアメリカ

これを、海の向こうのアメリカはどう見ていたのでしょうか。私は、**「日本を抑え込んで、中国を引き上げよう」**と考えていたのだと思います。

プラザ合意と並行して、**日米半導体協定**が締結されます。アメリカはまず、日本に特許をすべて公開しろと命じてきました。そして、日本国内に半導体工場を作ってはならないと決めて、日本の優位性を封じ込めにかかったのです。

1990年代前半のバブル崩壊により、半導体製造を手がける日本企業が資金難となり、日本全体で毎年数兆円という巨額の研究開発費をコンスタントに投下することができなくなってしまいました。その段階から、**日本は世界の最先端から徐々に後れをとっていきます。**

実際、台湾TSMCは最新の3ナノ品（回線幅3ナノメートル半導体）製造工場に5兆円を投じており、この水準の予算を毎年かけないと、世界最先端の開発競争の勝者になることはできません。

日本を叩いたアメリカは、中国に傾倒します。その象徴が、ビル・クリントン大統

領が1998年に中国に1週間以上滞在した際に、日本にまったく立ち寄らなかったことです。**アメリカは「中国は人件費が安いから、工場として活用できる」と考えた**のです。当時、中国の人件費は**日本の8分の1くらい**でした。

アメリカ政府首脳部は中国が、台湾や韓国のように軍事政権（単独政党）から複数政党による民主主義政権に移行する未来を想定していたと考えられます。

ところが、中国経済が成長して、工場から（消費）市場へと成熟してくるのと並行して、習近平国家主席の登場で、**中国共産党の一党独裁**が完成してしまいます。

アメリカ政府首脳部は、自分たちの想定が完全に間違っていた、これはいかんと考えたのです。それでマイク・ペンス副大統領による2018年11月のハドソン研究所でのスピーチで、いわば**「対中新冷戦・戦争宣言」**を行ったのです。中国がアメリカの知的財産を奪おうとしている実態について、次のように発言しています。

「中国共産党は『中国製造2025』を通じてロボット工学、バイオテクノロジー、AIなど世界における最先端産業の90％の支配を目指しています。中国政府は21世紀経済で圧倒的なシェアを占めるために自国の官僚や企業に対して、アメリカの経済的リーダーシップの基礎である知的財産をあらゆる手段を用いて取得するように指示してきました。

中国政府は、多くのアメリカ企業に中国で事業を行う対価として企業秘密の提供を要求しています。また、アメリカ企業の創造物の所有権を得ようとアメリカ企業の買収資金も出しています。

最先端の軍事計画を含むアメリカの技術の大規模な窃盗は、中国の安全保障機関が黒幕です。中国共産党はその盗んだ技術を使って民間技術をどんどん軍事技術へと転用しています」

このほかにも中国の罪状を列挙して、「中国の支配者の前で、トランプ大統領は引き下がることはありません。我々は中国との関係改善を期待しつつも、アメリカの安全保障と経済のために、引き続き**中国に対して強い態度を維持**します」と言明しました。

ただし、まだその段階では、ドナルド・トランプ大統領の根回しが下手だったこともあって、実際には指導層の6割ぐらいしか中国への攻撃者がいなかったのです。ワシントンの私の知人からの情報です。

100%日本重視に切り替えるのはまだ早い、ということでした。そこで当時の安倍晋三首相が「ひどいじゃないか」と訴えていたようですが、依然として為替が円安になると文句を言ってくるような姿勢でした。

半導体工場も日本には作らせなかったのです。

世界の覇権を目指し始めた中国

中国が先端技術で世界の覇権を握るという野心を明確に示したのが、2015年に打ち出した経済・産業戦略の「**中国製造2025**」です。

中国はかつて「**世界の工場**」と盛んに言われていましたが、当時の中国の製造業には世界的に競争力のある高付加価値の製品を企画・開発・設計・生産する能力はまだなく、アメリカや日本、ドイツ、韓国、台湾などから部品、素材、設備、技術の供与を受け、それらを用いて最終製品を組み立てているだけでした。言い換えれば、**中国は労働者の低賃金が売りの単なる「組み立て屋」にすぎなかった**のです。

やがて現実となりますが、ベトナムなど中国よりも賃金が安く、同様に組み立て屋をしてくれるような他国が台頭してくれば、すぐそちらに仕事を奪われてしまいます。そして、組み立て屋のままでいては、中国はいつまでたっても工業先進国になれません。

こうした危機感から、中国は組み立て屋からの脱却を目指し始めたのです。そのための体系的な経済・産業戦略が中国製造2025です。**「中核の部品や素材の国産化を2020年までに40%、2025年までに70%に引き上げる」**という国産化目標を掲げました。

危機感を覚えたアメリカは2018年、中国の大手通信機器メーカーZTEに対して、**アメリカ企業からの部品調達を7年間禁止**しました。ZTEがイランや北朝鮮に通信機器を不正に輸出した容疑に絡んでの措置です。この結果、ZTEは主力商品だった通信機器やスマートフォンに用いられる半導体関連の中核部品を調達することができなくなり、工場もほぼすべて操業停止に追い込まれ、**倒産寸前**となってしまったのです。

その後、ZTEが罰金10億ドルを支払い経営陣を総入れ替えして、さらに4億ドルをアメリカ政府に預ける、などの条件と引き換えにして、制裁を解除されました。ZTEが被った損失は30億ドルにのぼったと言われています。

続いてアメリカは、ZTEより企業規模の大きな中国最大の通信機器メーカーであるファーウェイに圧力を強めます。2020年9月には、商務省がファーウェイに対する輸出規制を開始しました。

これにより、ファーウェイはアメリカ企業から部品の供給を止められただけでなく、アメリカの技術を使って部品を製造していた日本のメーカーなどからも製品の供給を受けられなくなりました。

中国は2017年6月に国家情報法を施行しました。第7条で「いかなる組織および個人も、法に基づき国の情報活動に協力し、国の情報活動に関する秘密を守る義務を有し、国は情報活動に協力した組織および個人を保護する」と規定して、中国国民や中国企業に国家の情報活動への協力を強制しています。

米国市場でも上場しているファーウェイは中国政府との関係を否定しています。しかし、国家情報法のような法律がある以上、アメリカがファーウェイに対して疑念を抱くのは当然です。ファーウェイを締め上げたアメリカに対する批判は、中国以外からはあまり出てきません。

アメリカはファーウェイの事業規模をもっと小さくしたいと考えています。とりわけ、通信規格「5G」の技術において、ファーウェイがグローバルに成長していく恐れがあるので、その前にブレーキをかけようということです。

中国はファーウェイがつぶれないように支えていく。中国は一種の**鎖国化**の道を歩んでいます。

米中新冷戦で日本への態度が豹変

一般のアメリカ国民は米中が貿易を巡って争っていることは理解していても、それが覇権戦争に発展しているとの認識は持っていないかもしれません。しかし、アメリカ連邦議会の議員たちは党派を超えて、現在の米中間では**覇権戦争が行われている**と十分に理解しています。

議員たちはもともと、トランプ政権が中国と貿易戦争を始めたのは**知的財産権侵害への制裁措置**との認識でした。知的財産権の侵害とは、中国企業によるアメリカ製品の不法コピーや、アメリカ企業の中国進出時における技術移転の強要を指します。

中国企業は、アメリカ企業が多額の研究開発費をかけて開発した新技術を不正に取得し、その技術で生産した製品を国内外で販売して儲けてきました。こうして得られた利益はアメリカ企業が失った利益、逸失利益だとアメリカ政府は考えています。

アメリカ企業によるアメリカ国内での工場生産を、中国企業が中国へ持って行ったことになるため、アメリカの雇用も奪っていることになります。

では、中国にアメリカの知的財産権の侵害をやめさせれば満足できるのでしょうか。問題が貿易だけなら、貿易不均衡が小さくなれば済むかもしれません。しかし、**中国は知的財産権の侵害だけでなく、それを利用して自国の技術レベルを向上させてきました。**そして、**半導体などIT分野でも先端技術を手にするようになってきています。**先端分野は国家の安全保障とも深く関わっているため、アメリカはもはや貿易だけの問題で終わらせることはできなくなりました。

アメリカが貿易戦争を覇権戦争に切り換えたのは、当然のことなのです。

ジョー・バイデン政権の4年の任期の後半になってきて、いよいよ日本を助けなければダメだとの認識がアメリカ政府首脳部に広がっていきました。というのも、先進国間で対中戦略の足並みが揃わなくなってきたからです。

たとえばドイツ。オラフ・ショルツ首相が中国を叩いたと思ったら、翌週の訪中で自分の発言を取り消して回っているのです。フランスのエマニュエル・マクロン大統領も中国に対しては低姿勢です。

同盟国と思っていたドイツ、フランスはあてにならない。頼みのイギリスは自国の地盤沈下が激しくて、アメリカの意向通りにしていても、あまり大きな助けになっていない様子です。

つまり、**元気で助けてくれる同盟国はもはや、日本だけ**です。そこで**バイデン大統領はまず、日本で半導体工場の設立を許した。これは大きい**です。

現在の通信規格は5Gが最先端です。さらに次世代の通信規格6Gに対応した半導体の製造工場をIBM経由で、北海道に作らせようとしています。

2023年1月の岸田バイデン会談で、**日本はこれまでにない待遇**を受けました。熊本で建設中のTSMCの熊本第1工場（2024年末稼働予定）に続いて、同等規模以上の第2工場建設が**アメリカの後押しで本決まり**になりました。

次世代の半導体は日本に任せる、と暗黙に言っているわけです。

為替レートが円安に放置されていることも大きい。1ドル＝150円を超す円安には日本の当局が介入していますが、逆に言えば150円まではアメリカ政府は別に文句を言わなかった。財務省のレポートでも何も触れられていません。

こういうワシントンの意向をきちんとウォッチしているから、92歳のウォーレン・

バフェット氏がわざわざ日本にやってきて、**日本株に投資**した。もちろん事前に日本の証券会社が訪米して細かく説明しているのだけれど、バフェット氏は日本の商社株を買いました。**6000億円を投入**して、買い増しと株価上昇で現在の市場価値は1兆5000億円ぐらいになっているでしょう。

バフェット氏に続いて、**アメリカの資産運用会社の大物が続々と日本に来ています。**それを見て、岸田首相が資産運用特区づくりをアピールしているのです。

序章で述べた通り、日本の金融資産の運用実績を年率1・84%から6・54%まで引き上げる作戦です。

かねてより私は、今回の新冷戦で「**漁夫の利を得るのは日本だ**」と言い続けてきましたが、それが**ようやく現実になってきた**といえるでしょう。

アメリカは中国の好きなようにはさせない

大事なことが一つあります。**アメリカはこれから、日本にとって悪いことは一つもしない**、ということです。

そう言うとみなさんは、「では台湾問題はどうするんだ?」「尖閣諸島は?」と懸念を表明されます。

米中の覇権戦争が激化して、実際に武力衝突が起こるのではないかという懸念が高まっています。台湾をめぐる争いがエスカレートしていけば、米中の偶発的な戦闘が起こることはありえるでしょう。

アメリカは1979年1月に中国と国交を結んだ時点で、台湾と断交しました。以後、中国大陸と台湾は1つの国であるという「1つの中国」の原則を掲げる中国の手前もあり、アメリカは台湾との政府高官の相互往来を自粛してきました。

しかしトランプ大統領時代の2016年12月に蔡英文総統と電話会談を行って、台湾との関係を重視する強い意向を世界に示しました。2018年3月にはアメリカと台湾の高官の相互訪問を促す台湾旅行法を成立させて、国交が断絶していても両国の高官の積極的な相互往来を可能にしました。

2020年8月9日には、アメリカ保健福祉省のアレックス・アザー長官が台湾を訪問しました。表向きには新型コロナウイルスの感染を抑え込んだ台湾と公衆衛生分野での協力を強化するためですが、裏側の狙いは**台湾への圧力を強めている中国への牽制**です。

中国は台湾を自国の核心的利益に位置づけ、「1つの中国」に反する他国の行為はその利益を冒すものと考えています。そのため、アザー長官の台湾訪問に激しく反発し、**アメリカに対して強く抗議**しました。

台湾については、中国が支配することは「できない」と断言します。なぜか。台湾という人口2300万人の島を占領するためには、10万人の兵隊が必要になります。それを輸送するためには7000万tの船が必要です。現在はそれらの艦隊戦力は洋上にありますから、どこかの港に集結させて本土から兵士が乗り込まなくてはならない。現実的ではありません。

さらに、これはエコノミストの柯隆氏の見方ですが、もし軍事衝突となれば台湾はミサイルを撃つでしょう。どこへ撃つかというと、中国の三峡ダム（湖北省宜昌市、長江流域）です。

長江の下流で冠水などの影響を受けるのは、上海、南京、武漢三鎮などに住む計2000万人です。2300万人（台湾）を押さえるために2000万人が転居・退去を余儀なくされるとしたら、そんな軍事行動を起こすわけがない。

遠藤誉氏（中国問題グローバル研究所所長）がテレビ等で盛んに言っていますが、「これはCIA（米中央情報局）の陰謀だ」と。CIAが予算を獲得するために行っているのだとすら言っています。

2010年にアメリカ海軍が「2017年に開戦する」という趣旨の発言をしたものの、直後に統合参謀本部議長が否定しています。**「準備もしていないし、可能性もない」**と。だから、**あまり心配する必要はない**でしょう。

付言すると、台湾を攻撃するためには日本の尖閣諸島を占領した方が好都合だという話もあるのですが、2021年3月16日の日米2プラス2（外務・防衛閣僚の協議会）においてアメリカによる尖閣諸島の防衛が確認されています。

中国にとって、台湾攻撃の前に尖閣諸島を占領しようとしても意味がなくなったといえるでしょう。

ウクライナ戦争は2024年内に終結

ウクライナ戦争については、**2024年の春または、遅くとも夏までに停戦する**でしょう。これには、2024年のアメリカ大統領選挙も大きく影響しています。

大統領選挙は、民主党バイデン対共和党トランプの対戦になりそうですが、情勢を分析すると、どうもバイデン側に不安要因が多いようです。

私のワシントンの情報ソースの一つである「WASHINGTON WATCH」(2023年9月4日号)は、

①バイデン大統領は、大統領専用機や演壇への昇降でつまずく。このため最近は一段の高さが低い階段を使っている

②認知症の噂は絶えないし、睡眠時無呼吸症候群の治療機器を使っている

③ハリス副大統領は政治指導力が弱く、党を結集する魅力に欠けている

と伝えています。再選されたら任期満了時は86歳です。ちょっと任せられないでしょう。一方のトランプ氏は任期満了時に82歳だから、どちらかと言えば、まだ大丈夫だろうということです。

米国民の77%はバイデン大統領の高齢は大問題だと考えていて、民主党支持者でも69%、共和党支持者の89%が問題とみています。結果として、**「バイデンこけたら民主党こける」**というのが現実です。

一方、共和党側はトランプ前大統領が圧倒的にリードしています。ウォール・ストリート・ジャーナル（ＷＳＪ）紙の２０２３年9月の調査では「共和党予備選の有権者の59％がトランプ氏を最良の候補とし、これは4月よりも11ポイント高い」となっていました。

同紙は「ドナルド・トランプ前大統領の復権を同盟国も敵対国も想定し、準備を進めている」としました（8月31日付）。

ここで誰もが考えるのが、**トランプ氏が抱える爆弾、４つの起訴**がどう影響するか、です。結論から述べると、民主党系の検察官による起訴は、トランプ氏が共和党の候補者指名を獲得する後押しとなっているようです。

ＷＳＪ紙は「トランプ氏の起訴で同氏に投票する可能性が高まったと答えた人は48％、低くなったと答えた人は16％、投票に影響しないと回答した人は36％」と伝えています。

では大統領選挙に勝利した場合、第二次トランプ政権は何をするのでしょうか。実は、ヨーロッパの有力諸国は**ウクライナへの援助が打ち切られる可能性が大**と見ています。ロシアに地理的に近いハンガリーのオルバーン・ビクトル首相は「トランプ氏の勝利を願う」と何回も発言しています。

ウクライナの戦乱はいつ、どのように終息するのでしょうか。

私は、**トランプ前大統領が当選すれば、即、終戦**だろうと思います。何しろ、共和党立候補者の45%が「ウクライナへの援助は多すぎる」とみているからです。

この状況を鑑みると、2024年4月、5月ごろの予備選がたけなわな時期に、バイデン政権が先手を打って、電撃的に停戦を取り持つ確率も決して少なくない、と私は考えています。

問題は、共和党支持者の45%はウクライナへの支援をやめろと主張していることです。特に「フリーダム・コーカス」と呼ばれる共和党の強硬派は、援助をゼロにしろと主張しています。

コーカス（Caucus）とは、アメリカにおいて政党の指導者が公職への候補者や政治方針を決定する際、事前の同意を求めるために開く秘密の会議です。ネイティブ・アメリカンの「密談する」という言葉が語源といわれているようです。

コーカス方式はすでに植民地時代後半の北部地方でみられ、やがて連邦議会の上・下院議員が集合し、政党の正・副大統領候補を指名する方式として採用され発展しました。アメリカ建国期には、それはキング・コーカスと称され、正・副大統領候補者の指名に大きな権限をふるいました。

アメリカからの供与がなくなれば、ウクライナも停戦を選ぶしかなくなるでしょう。おそらく「朝鮮半島方式」と同様に、一時休戦して停戦交渉を開始することになるのではないでしょうか。韓国と北朝鮮も戦争は継続中です。

アメリカは現在、兵器の大革命期に突入しています。ドローンの存在感が大きくなり、その結果、戦車や戦闘機、戦艦など不必要になる兵器が出てきています。これをウクライナ戦争に回しているのですが、開戦から2年が近づき、ほぼ使い果たしています。つまり、**軍産複合体も「もう戦争をやめて構わない」と思っている**とみていいでしょう。

実際、この流れを読んですでにウォールストリートは動き出しています。J.P.モルガンが300億ドル（約4兆円）の**「ウクライナ復興ファンド」をローンチ**しました。**歴史的に、こうした動きの9カ月〜1年後には戦局が動きます。**

さらに、アメリカの資産運用会社ブラックロックが、ウクライナのウォロディミル・ゼレンスキー大統領の個人資産を運用する契約を結びました。ユダヤ系のゼレンスキー氏は相当な資産を持っているとみられます。資産運用の準備をしているということは**ゼレンスキー氏自身が「戦後」に向けて動き出している**ということです。

第5章

国際・地政・エネルギー

パレスチナ、
ウクライナ、中国…

世界情勢と日本経済

アメリカの政治的混乱は続く

これからの国内外の政治経済情勢についてまとめておきます。まずアメリカです。**アメリカの予算は、議会下院の反乱組によってなかなか決まらない**公算が大きいです。

アメリカの格付け会社ムーディーズによるアメリカ国債の格下げも行われました。そして、**2024年のアメリカ経済は証券がリードした不況**になると考えています。その情勢で大統領選挙が行われることになるわけです。

2024年2月から予備選挙が始まりますが、第4章で述べたようにバイデン大統領は認知症が進んでいる疑いが非常に強いです。睡眠時無呼吸症候群の治療をしていることも知られています。アメリカ国民はバイデン氏をあまり積極的に支持しないでしょう。

加えて、ロバート・ケネディ・ジュニア氏が無所属で立候補するという攪乱要因が出てきました。ケネディ氏の父親（故人）は民主党でしたし、民主党から立候補する可能性もあるので、民主党支持者の票を食ってしまうでしょう。

結果として、トランプ氏が勝利する可能性が高い。トランプ第2期である「トランプ2・0」の時代を想定すべきでしょう。彼が真っ先にするであろうことは、**ロシアとウクライナの戦争をやめさせる**ことです。

また、トランプ氏は、イスラム組織ハマスとイスラエルの戦争も停戦に持ち込むのではないでしょうか。少なくとも**2024年の後半はパレスチナ地域にも平穏が訪れる**ことに期待が持てそうです。

ウクライナの情勢はどうなるでしょうか。2024年3月にウクライナで大統領選挙が予定されていますが、ゼレンスキー大統領は延期を示唆しています。これは私がある官僚から得た情報ですが、仮に大統領選が行われたらゼレンスキー氏は再選されないというのです。

新しい大統領はロシアとの停戦、あるいは休戦の申し入れをする形になるのではないか。停戦や休戦といっても、第4章で述べたように朝鮮半島で行われているような「停戦交渉」がずっと行われているような状態になりそうです。実質的には現状維持のままということです。

ウクライナやイスラエルで停戦なら日本にメリット

そうなると、日本にいろいろなメリットがあります。停戦になれば、海運ビジネスも栄えるでしょうし、戦後復興に向けて重電機の輸出も増えるでしょう。**総合商社もさまざまな形で復興ビジネスに関与していく**はずです。

岸田首相はウクライナに対して8000億円くらいの支援を表明していますが、現金で出すわけではなく**現物支給**です。だからたとえば**日立製作所の株価が一時、上場来初の1万円台**に乗せたりしたのも、こうした流れを織り込んでいるのだと思います。

前述のように、ウォーレン・バフェット氏が日本の5大商社株を買っていて、当初6000億円が今は1兆4000億～1兆5000億円くらいになっていると思います。追加購入もありますが、**株価の上昇効果**です。それでもPERはまだ10倍を下回る例が多く、**まだまだ株価が上がる可能性が高い**。

一方、**中東の動乱、パレスチナ情勢**がマーケットに与える影響についてはどう考えるべきか。先ほど述べたように、2024年後半には停戦の可能性が大きいと期待していますが、もしもイランが介入してきた場合には紛争が続いてしまう可能性があります。

　戦争継続の可能性は3～4割と、高くはないと見ていますが、ここでは介入があった場合の影響を考えてみます。

　私が原油の専門家に聞いたところでは、原油価格が1バレル当たり100ドルに上昇することは間違いないと言います。2023年12月には70ド

図V—1　イスラエルとイスラム組織ハマスの衝突でも原油急騰は一時的

WTI価格の推移

(注) 丸印はイスラエルとハマスが戦闘を開始して最初の取引日である10月9日終値
(出所) Refinitivより、みずほリサーチ＆テクノロジーズ作成

ル台に下がりましたので、仮に上昇したとしても上昇率ではそれほど大きくはないです（図V－1）。なぜそこまで急騰しないかというと、**「シェールガス革命」**のおかげです。

第1次・第2次オイルショックの際は、アメリカは原油の輸入国だった。ところがアメリカ大陸で天然ガス資源のシェールガスが見つかり、**現在のアメリカはエネルギーの輸出国になっているので打撃が少なくてすむ**のです。

日本への影響もそれほど大きくないと考えてよいと思いますが、**シェールガスへの依存度は高まる**でしょう。代替エネルギーの確保が課題ですが、たとえば水素ガスは岩谷産業が液化水素では国内唯一のメーカーで、独占的に事業展開しています。高速道路のサービスエリアなどで燃料電池車向け水素ステーションがどんどん整備されており、この分野では**岩谷産業の優勢がますます高まる**でしょう。

ドイツの経済的失態と中国の大ブレーキ

ヨーロッパに目を移すと、**ドイツの経済的な失態が非常にインパクトが大きい**です（図V－2）。最近のドイツは、**輸出を中国に依存**していて、**エネルギーはロシアに依**

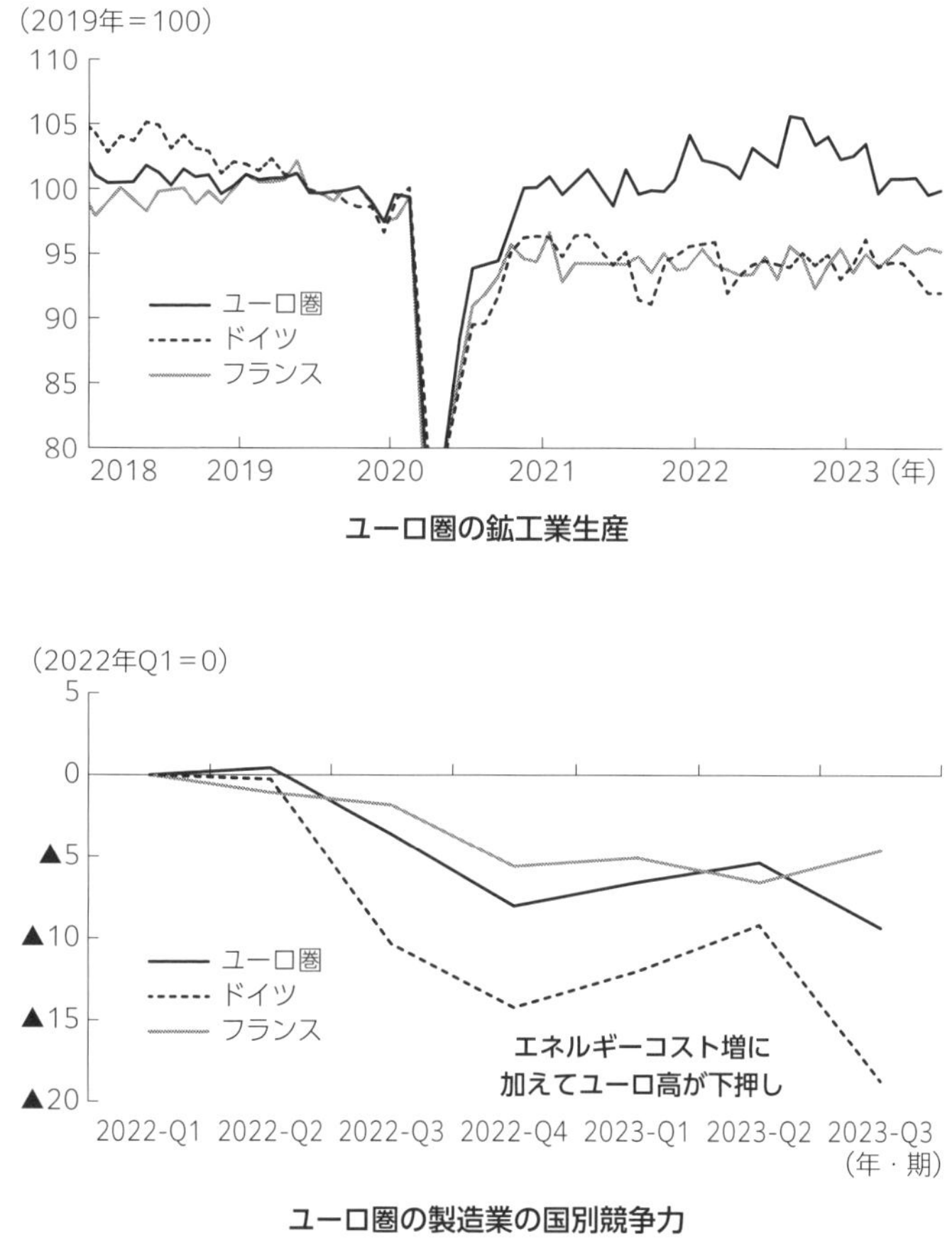

図Ⅴ—2　ドイツが足を引っ張るユーロ経済

（出所）Eurostat、欧州委員会よりみずほリサーチ＆テクノロジーズ作成

存するというビジネスモデルそのものが壊れてしまった。２０２３年はおそらくマイナス成長になっているのではないでしょうか。

２０２３年秋には、**何人ものドイツの議員が中国から賄賂をもらって、いろいろな便宜を図った**ということが明らかになっています。ひょっとしたら**政変すら起きかねない状況**です。２０２４年の前提として、世界におけるドイツの地位が大きく低下するでしょう。

いまドル建てのＧＤＰが日本を再び追い越して世界3位になっていますが、これは円安のおかげなので、**あまりドイツ経済を過大評価しない**ことをおすすめします。これはドイツがリーダーシップを握っているＥＵ全体の経済の没落につながる話だからです。

そして、ドイツの誤算につながった中国です。中国の経済的な大不況はご案内の通りです。不動産セクターで恒大集団の破綻や碧桂園のデフォルト（債務不履行）が起きています。少子高齢化の影響も出ています。

日本のバブル崩壊の経験に照らして考えると、あと2～3年はいいが、その先はおそらく大変なことになるでしょう。なぜかというと私は日本のバブル崩壊当時、銀行に勤めていたからわかるのですが、日本は1991年に「これは大変なことになった」という認識が広がりました。そのころから銀行の貸し渋り、貸しはがしが起こり始めました。

ところが、金融機関に大規模な公的資金注入を決めたのは1998年12月になってからです。実際に注入が行われたのは1999年でした。日本では7～8年かかった。**中国はGDPの29%が不動産・建設業といわれるので影響が大きく、2～3年はもつが、その先は制御がきかなくなる**でしょう。

しかも、中国企業は外資に頼っている面があるので、資金が引き揚げられれば破綻も早くなります。われわれが外から見て判断するにはどうすればいいのかですが、人民元が暴落して、上海市場で株価が暴落したら、中国でビジネスをしている関係者は中国から逃げ出したらいい。三菱自動車が早く逃げ出したのは賢明だったと思います。**中国の独裁体制に変化が起きるまで、早ければ2～3年**ということです。

中国がアメリカのGDPを超えることはない

2022年12月に日本経済研究センターが中国にとっては非常にショックな推計を

発表しました。**「中国のＧＤＰがアメリカを逆転することはない」**との試算です（図Ｖ－３）。

「２０３５年までに中国の名目ＧＤＰが米国を超えることは標準シナリオ（保守的な予測）でもない。２０３６年以降も中国の成長鈍化は確実視されるので、中国が米国を超えることはない」（日本経済研究センター「中国ＧＤＰ、米国超え困難に」、２０２２年12月14日付）。

同センターは２０２０年時点では「２０２８年に逆転する」、２０２１年時点では「２０３３年末に逆転する」と発表していたのに、２０２２年はついにそれを**撤回**したのです。最新推計では、２０３５年に至っても米国のＧＤＰの87％にしかならないのです。

なぜ中国はこんな〝不名誉な〟事態になってしまうのか。２０２２年まで国民を厳しく行動制限した**ゼロコロナ政策が中国経済に甚大なダメージを与えた**こと、**一人っ子政策による人口減少からくる不動産バブルの崩壊がいよいよ回避できなくなってきた**こと、そして**アメリカとの新冷戦には勝ち目がないことが鮮明になってきた**ことなどが大きな要因です。

中国共産党が1979年から2015年まで続けた一人っ子政策とは、1組の夫婦に原則として子供1人しか認めない人口抑制政策です。これが中国の急速な高齢化の原因です。中国の人口は約14億人（2021年末時点）ですが、中国の国家統計局によると、1949年の建国時（約5億4000万人）から70年間で約2・6倍に増えました。

年間出生数は1963年の3000万人弱をピークに、2022年には956万人（前年比107万人減）と**3分の1以下**に減ってしまいました。**2016年に一人っ子政策はやめたにもかかわらず、出生数の減少が止まりません。**

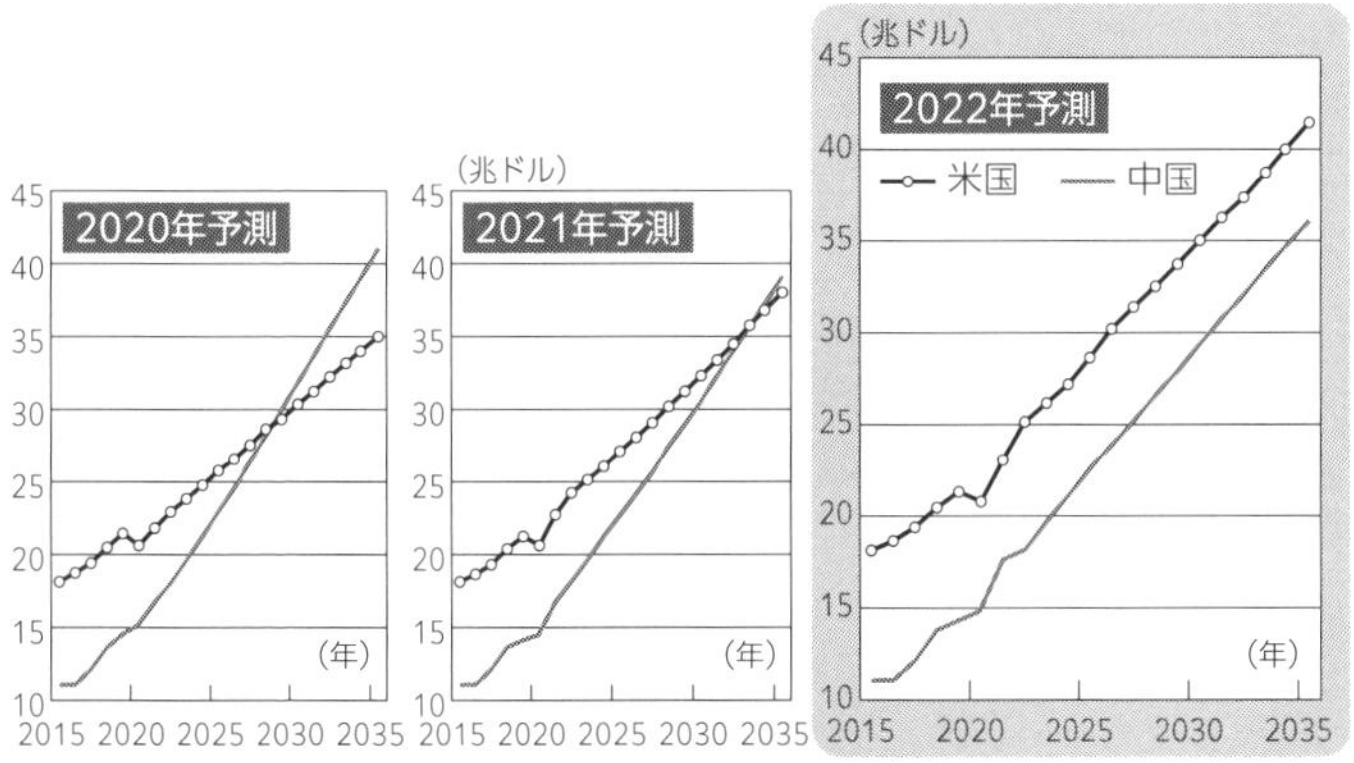

図V—3　中国はアメリカを抜くことはできない
ドル建て名目GDPの推移

（出所）IMF、日本経済研究センター

中国は約14億人の巨大な人口を抱えており、1国で世界人口（約77億7000万人）の約17%を占めているのですが、中国の穀物需要量は世界の需要量の2割以上に達しています。しかも、中国の大豆の需要量は世界の3分の1にも達します。

つまり、中国の農産物の需要は世界の農産物の需要まで左右してしまうため、中国が飢餓の震源になれば、ほかの多くの国々にもたいへん大きな影響を与え、世界的な飢餓も招きやすくなってしまうのです。

また、中国では毎年のように洪水が発生しています。2020年8月には27省・自治区・直轄市で3873万人が被災し、2万9000戸の家屋が倒壊するなどの被害を受けました。

飢餓が発生すると、食品銘柄が値上がりします。先出のようにウォーレン・バフェット氏が5大商社（伊藤忠商事、三菱商事、三井物産、住友商事、丸紅）株に熱心に投資している理由の一つに、食料関連を扱っているからという側面もあると思います。総合商社はどこもビジネスとして資源を扱っていますが、食料も資源の一つに間違いありません。

中国でも人口が増えているうちは、生活の向上意欲も強く不動産の買い手がありました。しかし、人口減少によって不動産が売れなくなってしまい、日本がバブル崩壊で陥ったように**不動産が余って価格が大暴落するという形での中国経済の破綻**がありえるでしょう。

インドは2023年現在、中国を抜いて世界で最も人口の多い国になっています。一方で中国は、2023年から人口の絶対減少に見舞われています。

2022年の人口統計は、中国が14億2600万人、インドが14億1200万人。2050年の推計はインドが16億6800万人に増大しているのに対して、中国は逆に13億1700万人まで縮小してしまっているのです。

中国政府の推し進めてきた**一人っ子政策という大失敗のツケ**を、習近平政権はもとより、その代々の後継者たちも、これから長期にわたってずっと支払わされ続けることになるのです。

西側諸国と大きく異なる中国の政治体制

中国共産党総書記が党のトップなのに対して、中華人民共和国国家主席は国家元首であり国のトップです。一見すると2つのポストは自民党総裁と日本国首相（内閣総理大臣）との関係によく似ています。

日本では首相の方が1政党の総裁よりも地位が高いことは言うまでもありません。一方、中国の場合は共産党の権力が一番強く、国家を指導する立場にあります。だから、国家主席よりも総書記の地位の方が高いのです。

1989年に総書記に就任した江沢民氏（国家主席就任は1993年）以来、総書記と国家主席のポストを同一人物が兼任しているので、普段は両ポストの地位の軽重が比較されることはありません。

ただし、任期については国家主席のポストが総書記のポストに影響を与えてきました。憲法で国家主席の任期が連続2期10年と規定されていたため、総書記の任期もやはり連続2期10年だという暗黙の了解ができていたのです。

そこに大きな変化が生じました。中国共産党大会は5年に1度開催されますが、2017年10月の第19回党大会において、2012年から共産党総書記の地位にいた習近平氏が、さらに5年間総書記を続けることになったのです。

また、2018年3月の全国人民代表大会（全人代）において、連続2期10年の中華人民共和国の**国家主席および国家副主席の任期規定を撤廃する憲法改正が採択され**

たのです。

これにより、2013年から国家主席だった習近平氏は2期10年が過ぎても国家主席を退任する必要がなくなりました。

2022年以降、習近平氏は3期目の総書記に就任しています。委員会の集団指導体制から、**習近平氏1人に権力が集中していく構図**が鮮明になっています。

海外に領土を広げ続ける中国「6大戦争」

中国共産党は2021年11月の6中全会（中央委員会第6回全体会議）にて、党創建100年を総括する「歴史決議」を採択しました。習近平氏が毛沢東氏、鄧小平氏に並ぶ権威を身に付けることを狙っています。習近平氏は個人崇拝をさせようとしており、それは中国を共産主義体制から皇帝制にするようなものです。

習近平体制は**「戦狼外交」**も始めています。「戦狼」とは、中国人民解放軍特殊部隊出身の主人公がアフリカ某国を舞台に反政府側のテロリストと戦う、2017年公開の中国映画のタイトルです。

戦狼外交も中国の外交官が外国の反中勢力と戦うことを意味していて、中国の外交スタイルも攻撃的になっています。外国からの批判に倍返しのように反応したり、あまり美しくない言葉で切り返したりしています。

これに対して**アメリカは「拒中」連盟を強化**しています。日本、オーストラリア、インドとアメリカの4カ国の首脳・外相らが安全保障や経済を協議する枠組み「**クアッド**」と、オーストラリア、イギリスとアメリカの3カ国による軍事同盟「**オーカス**」を発足させました。

中国人民解放軍はかつて、中国王朝の影響下にあった版図を中国の領土だとして大義に掲げ、手放した領土を回復することを「統一」と呼んでいます。そして、その目標に向けた「**6大戦争**」を想定していると言われています。

具体的には、「**①2020〜2025年までの台湾統一**」「**②2025〜2030年までの南シナ海の支配**」「**③2035〜2040年までのインド国境越え**」「**④2040〜2045年までの沖縄攻略**」「**⑤2045〜2050年までの外モンゴル攻略**」、**そして**「**⑥2055〜2060年までのシベリア攻略**」だと伝えられています。

まさに壮大な野望ですが、台湾海峡でのミサイル発射や、南シナ海で岩礁を埋め立てて軍事飛行場（民間機を飛ばして平和利用をアピール）を建設するなど、人民解放軍は

6大戦争に向け着実に歩を進めています。

まず台湾をターゲットにする中国

「6大戦争」の最初のターゲットが台湾です。

台湾は1988年以降、民主化を急速に進め、西側の基準で見ても十分な民主国家で、中国とはまったく異なる政治体制になっています。脊梁山脈が南北に走る九州の8割ほどの面積の島に、九州の人口の2倍近い2300万人が住んでいます。

世界の半導体生産の6割以上を握るデジタル工業国で、国民1人当たり購買力平価は日本よりも高いです。もしも台湾が中国の手に落ちれば、中国が世界経済を支配することにつながるでしょう。

台湾有事が現実的に理解されるようになったきっかけはアメリカ海軍インド太平洋軍のフィリップ・デービッドソン司令官の発言です。彼は2021年3月9日にアメリカ上院軍事委員会の公聴会で、**6年以内の中国による台湾侵攻の可能性を示唆**しました。曰く、

「中国は、ルールにのっとった国際秩序におけるアメリカのリーダーとしての役割を

2050年までに代わって担おうという野心を強めている。台湾がその野心の目標の1つであることは間違いない。中国による台湾侵攻の脅威は向こう10年、実際には今後6年で明らかになると思っている」

この発言で**世界に緊張**が走りました。

2021年4月の日米首脳会談では、共同声明の中に52年ぶりに「台湾海峡の平和と安定」が明記されました。それに呼応するように、ヨーロッパ諸国もインド太平洋地域への関与を強めてきています。

中国の歴史を振り返ってみると、960年にできた宋朝以降、**中国の軍隊が外国の正規軍と真正面から戦って勝利したことはほとんどありません。**周辺の弱小部族を追い払うことで領土を広げたことはあっても、外国の正規軍には対抗できませんでした。逆に、モンゴル族や満州族などの外部勢力に征服されたこともあるし、清朝時代にはイギリスとのアヘン戦争にも日本との日清戦争にも敗北しています。

日中戦争でも、日本が中国大陸から撤退したのは中国に負けたからではなく、太平洋や東南アジアでアメリカとの戦いに負けたからです。

第二次世界大戦後、中国人民志願軍を朝鮮戦争に参加させましたが、休戦の形で終了しました。1979年のベトナムとの中越戦争でも中国人民解放軍は押し返され、甚大な被害を出しています。

中国は広い国土を外敵から守るために巨額の軍事費を投入せざるをえません。ところが、**中国国内では兵士の社会的地位はあまり高くはありません**。特に、都市住民は積極的に兵士になろうとはしません。そんな状況では国家や国民のために尽くす意識も高まらないのではないでしょうか。

しかも中国人民解放軍、とりわけ陸軍は地方では土着化してしまっています。地元の有力者と深くつながり利権を漁っていて、他国と戦う意欲にも乏しくなってしまったのではないでしょうか。

歴史的な意味を持つ2024年1月

台湾と中国は1992年に「1つの中国」で合意したと伝えられていますが、台湾の立場はあくまでも現状維持です。

ジャーナリストの福島香織さんは著書『なぜ中国は台湾を併合できないのか』の中でこう述べています。

「台湾にとって米国との関係は命綱であるが、米国にとっても台湾は米国自身の国際社会におけるポジションを大きく左右する存在だ。

台湾が中国とは異なる価値観と秩序と政治制度を保つ自由主義陣営の仲間であることは、米国が国際社会のルールメーカーであり続けるうえでの必須条件で、重要な生命線だ。このために、台湾の国際社会における地位や外交関係維持を拡大していく動きを、米国は全面的に支持していこうとしている」

それゆえ、台湾の２０２４年１月の総統選の結果は、台湾の未来だけでなく、アメリカの未来にも影響し、そしてそれは**国際社会の秩序の再構築の行方も左右**するものとなるのです。福島氏の見立てを引用します。

「私は２０２４年１月13日の台湾総統選挙は、その結果次第では『革命』に匹敵する変化を台湾のみならず国際社会にもたらすものになるかもしれない、と思っている」

「下馬評どおり民進党の頼清徳候補が当選し、民進党政権が継続するとなると、民進党政権は連続12年、つまり子供が義務教育、高校を終えるまでの長さの政権を維持することになる。台湾では、国民党政権と民進党政権では国家観が完全に違い、民進党政権下で教育を受けた子供たちは、台湾は一つの民主主義国であることに疑いの余地を持っていない。するとまさしく『**天然独立**』、独立宣言などしなくても、独立した民主主義国・台湾人のアイデンティティをもったタイワニーズの国以外の何物でもない。

そしてチャイニーズではなく、タイワニーズの国家として、国際社会に承認されることを普通に望むようになるだろう。**『一つの中国』や『中台統一』は完全に古い歴史の中の話でフィクション、ファンタジーと認識される**ようになるだろう。そして、頼清徳が語った『台湾総統としてホワイトハウスを訪問する』夢は実現可能の射程距離に入るのである」

（福島香織『なぜ中国は台湾を併合できないのか』より）

資本主義市場経済を捨てた中国に勝ち目はない

かつて計画経済の下で経済が壊滅状態にあった中国では、共産党が1978年12月に「**改革開放**」を決定し、外国人との間で人材・物品・資金が自由に動くようになり、外国の資本・技術・経営管理の知識が中国に流入しました。

それらが中国の安い労働力と結び付いて中国の工業生産力が急増し、輸出も拡大して外貨準備も増え、雇用や税収も増加して**飛躍的な経済成長**を遂げることができました。**中国のGDPは40年間で実に220倍にも拡大した**のです。

では、そうした結果を引き寄せた要因は何なのか。共産党が国内の民間企業や国民に自由に経済活動をさせたからです。改革開放とは、計画経済から中国の民間企業や国民を解き放ったのですが、これは**共産党が資本主義市場経済を喜んで受け入れたこ**とを意味します。

いまや中国の民間企業は2700万社を超え、**GDPの6割、雇用の8割を担う存在**です。現在の中国を牽引しているのはアリババ集団、テンセント、ファーウェイなど中国政府からの援助を受けていない民間企業です。これに対して、共産党の指導で経営されてきた**国有企業のほとんどが巨額の債務**で苦しんでいます。

ところが最近になって、共産党はアリババ集団やテンセントなどの大手民間企業の経営への介入を始めました。共産党が資本主義市場経済に水を差しているのです。

ほかの民主国家はかねてから、共産党が非民主的な政治と資本主義市場経済とをずっと両立させていくことができるのかと訝《いぶか》しく思ってきました。資本主義市場経済では、企業や個人が自らの利益を追求するために自由にビジネスを行い、計画経済のようにビジネスのやり方に指図を受けることなどありません。

改革開放はもともと計画経済の失敗の穴埋めをすると同時に、経済成長を図るために行われたのです。共産党が民間のビジネスに介入するのは計画経済への後戻りにほかなりません。

計画経済は中国を再び壊滅状態に追い込みます。中国経済が壊滅してしまえば、米中対立の勝者は当然ながらアメリカということになります。

その意味から、**米中対立の行方は中国国内の資本主義市場経済がどうなっていくのかと密接に関連している**といえるでしょう。

中国の不動産バブル崩壊は日本を上回る衝撃に

いま中国で起きている不動産バブルの崩壊も、日本を含めた世界のメディアは軽く見すぎています。住宅購入者の一部の抗議や暴動しか報道されず、不動産バブルの崩壊がいかに中国社会に深刻な影響を与えるのかがよく見えてこないということがあります。

『週刊東洋経済』2023年2月25日号の記事「中国動態——住宅バブル崩壊が地方

の庶民を直撃」から引用すると、2022年末時点での中国における住宅ローンの貸出残高は53兆1600億元、日本円換算で約1000兆円にも上ります。

農村部を除いた**都市部の総世帯数は2億4300万で、うち約43%に当たる1億5000万世帯が住宅ローンを利用している**のです。1世帯当たりの利用金額は約1000万円。記事の筆者、田中信彦氏によれば、日本では返済額の目安は月収の2割ですが、中国では月収の半分以上、場合によっては8割にも達しているということです。

中国政府が確約したわけではありません。国民が勝手に「これからも不動産価格は上昇し続ける」「政府が下落を食い止めるだろう」という〝**神話**〟にとり憑かれてしまったのです。

日本のバブル期とよく似ています。我々の若いころは、**家（不動産）さえ買っておけば大丈夫**だとみなが考えていました。不動産が値上がりするから買う、買うから価格が上がる。それでも、そんな都合の良い相場がいつまでも続くはずがありません。最後の最後にバブル崩壊ですっ飛んでしまったのです。

現在の中国は、我々が経験した平成初期のバブル崩壊をなぞっています。しかも、そのスケールは日本のバブル崩壊とは比べ物にならないほど巨大なのです。たとえば、2020年の中国の不動産投資総額は約240兆円にも及び、中国のGDPの14％を占めています。どう考えても異常な水準です。関連企業を含めると、不動産業は**GDPの30％を占めている**のです。

ごく一般のサラリーマンが値上がり期待で自宅以外に投資用物件を2軒、3軒と買い集めるのが当たり前。中国での一般市民レベルでの住宅セクターへの過剰投資が物件の供給過剰を招き、各地で買い手のまったくつかない「鬼城（ゴーストタウン）」を生み出しました。すでに2010年ごろからかなり問題視されていたのですが、それでも一般市民の不動産投資熱が冷めることはなかったのです。

中国の不動産大手、中国恒大集団が約2兆元（約35兆円）にのぼる債務を抱えて事実上、経営破綻しました。不動産開発事業のほかに収益の上がらない多角化に走ったことも要因ですが、中国政府の政策転換の影響も見逃せません。

恒大集団をはじめとする中国の大手デベロッパーの経営危機が表沙汰になったそそものきっかけとなったのは、2020年に中国の中央銀行にあたる中国人民銀行が大手デベロッパーに対して「**3つのレッドライン（三道紅線）**」を設定したことでした。3つのレッドラインとはすなわち、

①総資産に対する負債比率が7割以下
②自己資本に対する負債比率が100%以下
③短期負債以上のキャッシュを保有している

これらの3条件を守れない業者には銀行からの融資規模が制限されるなど規制の対象となります。恒大集団もこれらに抵触したため規制の対象となり経営危機を迎えました。

私がときどき意見交換をさせていただく武者リサーチ代表の武者陵司氏は、自身のレポート『ストラテジーブレティン』にて、2023年はじめの段階から、中国経済の失速とアメリカ経済の堅調さを予言していました。

「世界人口シェアの17%に過ぎない中国が、世界の鉄鋼やセメントの6割を生産し、その大半を国内で消費してきたわけで、建設された資産の規模は想像を絶するものである。これまでの中国経済成長の際立った特徴は、著しく投資に偏った成長を20年以上も続けてきたということである。

ＧＤＰに対する固定資本形成の比率をみると中国は43％と主要国である米国（21％）、日本（27％）、ドイツ（23％）、韓国（29％）の倍近い水準がキープされてきた。世界で唯一中国だけ、投資が消費を上回り続けてきたが、これは極めて異常で不健康なことである。**いまいよいよそのコストを払わされる場面に入った**と言える（図Ⅴ－４）。

米国経済を支えている構造的強さは何かといえば、『新産業革命による生産性の上昇』と『財政とアニマルスピリット（＝株高）による旺盛な需要創造』であり、中国の構造的弱さは、『バブル崩壊によるデッドデフレーション（＝バラン

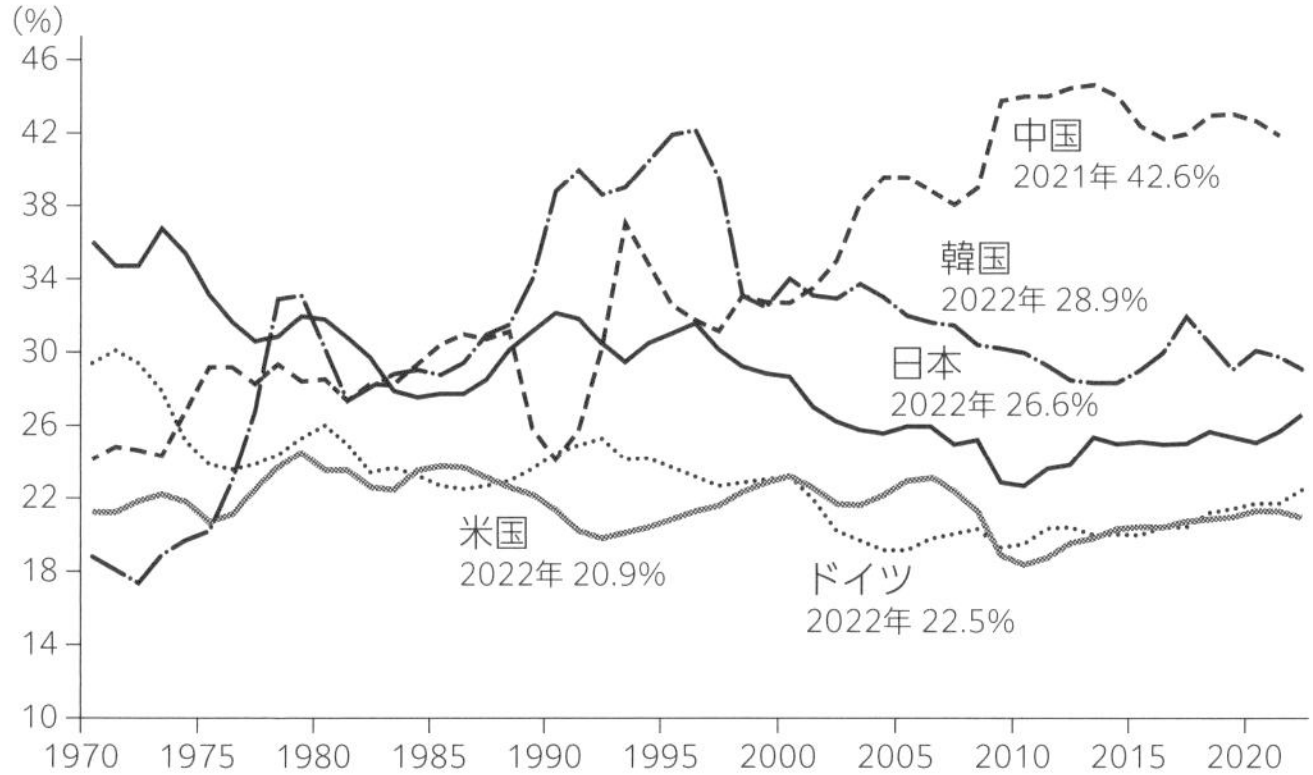

図Ⅴ—４　設備投資が過大だった中国

主要国の総固定資本形成／GDPの推移

（出所）OECD、IMF、ブルームバーグ、武者リサーチ

スシート不況)』と『中国独り勝ち時代の終焉と一人負け時代の開始』であろう。

この米国経済の構造的強さと中国経済の構造的弱さは2024年にかけて増幅される。2024年にかけて米中の成長率格差が顕著になっていくだろう。」

(『ストラテジーブレティン』338号〈2023年8月21日〉より)

そして、中国の不動産バブル崩壊は日本の不動産バブル崩壊よりも深刻だと警鐘を鳴らしています。

「日本の場合、政策の誤りによりバブル崩壊(資産価格の過剰値上がりの是正)のみならず、**負のバブルの形成**(本源的価値以下までの株価、不動産価格の低下)があり、経済へのダメージが増幅された。他方中国は土地バブルを原資として過剰投資を積み上げたという、**日本にはない深刻さ**がある」という武者氏は、4つのポイントを指摘します。

①**中国において、近年世界が経験したことがない不動産価格の異常な値上がりが起きた**:不動産価格の水準を年間所得との比較で見ると、上海50倍、深圳43倍、香港42倍、広州37倍、北京36倍(2023年NUMBEO調べ)と、歴史的高水準に達してい

る（東京は12倍、ニューヨーク10倍）。バブル期の東京の同倍率が15倍であったことと比較すると、中国の深刻度は明らかである（図V－5）。

②不動産バブル発生の根本的原因において、中国には日本にはなかった能動的要因がある：中国国家財政は地方が支出の85％を担うという構造になっているが、地方の財政収入の4割が土地利用権売却益によってねん出される仕組みとなっている。地方政府は規制・周辺インフラ整備・金融支援込みで魅力度を高めた土地利用権を売却し巨額の収入を得続けた。

③不動産金融において、中国の不動産

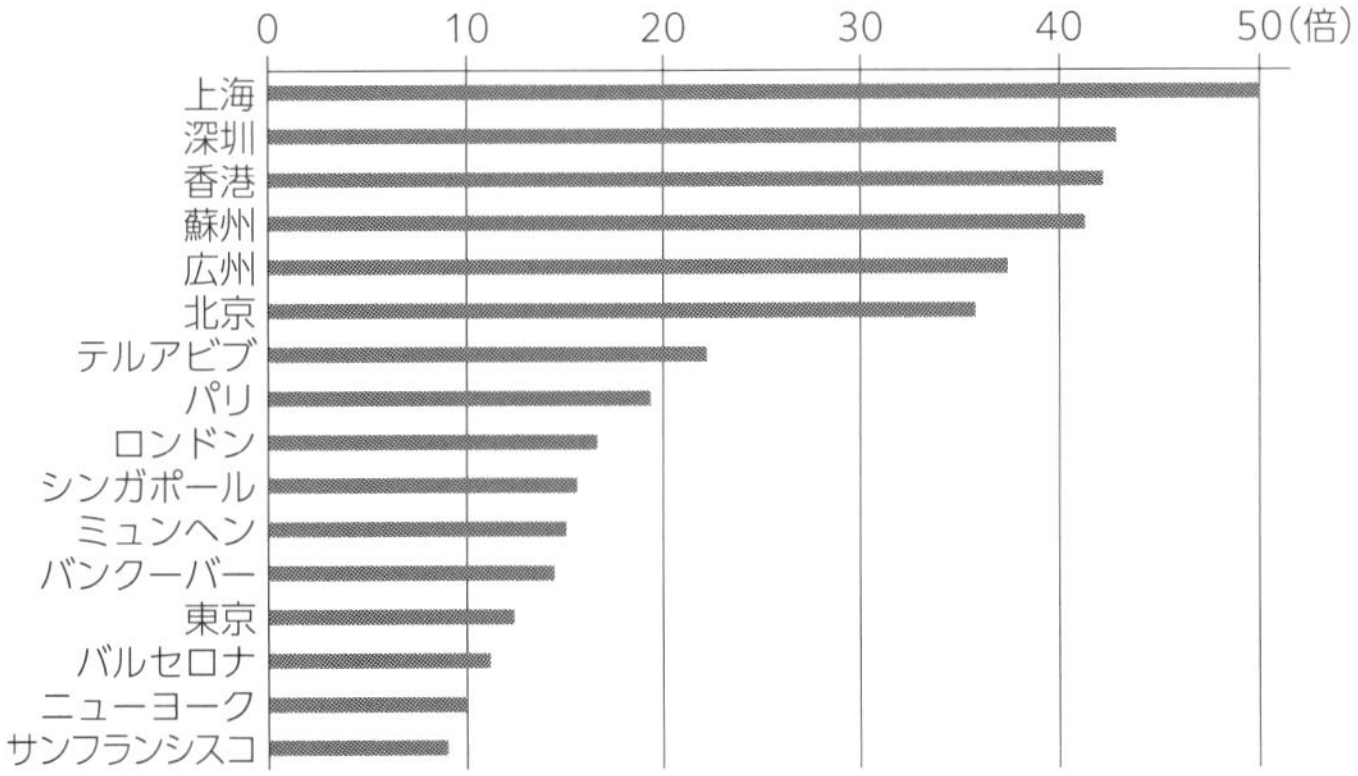

図V―5　中国は住宅が買えない水準に

世界主要都市の住宅価格年収倍率（2023年央）

（出所）Numbeo、武者リサーチ

関連負債は日本に比べて突出したレベルとなっている：日本の不動産金融はもっぱら銀行部門の過剰融資であった。それに対して中国は地方政府の別動隊であり公共インフラ整備資金の調達を担う地方融資平台（ＬＧＦＶ）の債務が急拡大してきた。

　また家計債務対ＧＤＰを比較すると、日本のバブル期（１９８０～１９９０年）で45％から68％へと23ポイントの上昇だったのに対して、中国は２０１０年の26％から２０２０年の62％まで36ポイントも急上昇しており、中国の家計債務の脆弱性が推測される（図Ｖ－６、Ｖ－７）。

④不動産バブルの経済への影響におい

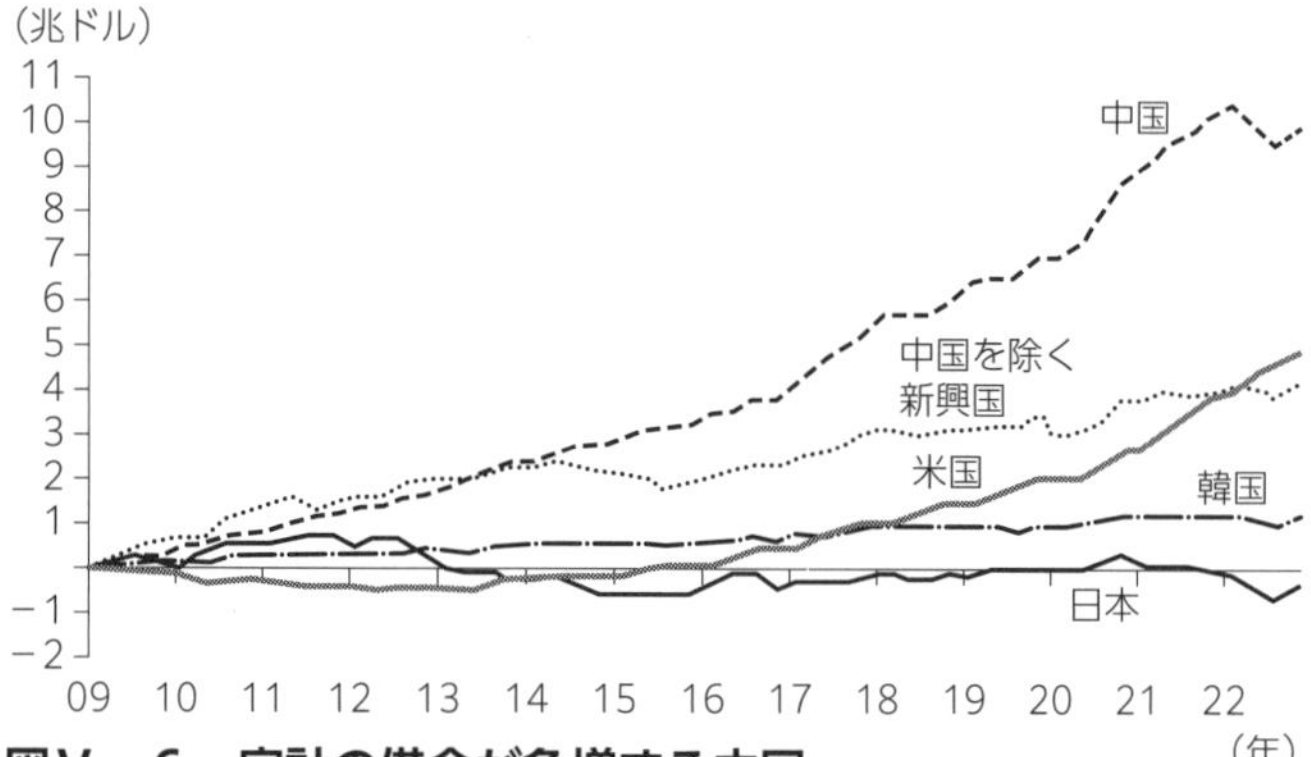

図Ｖ—６　家計の借金が急増する中国

米中韓日の家計債務の変化

(注) 2009年第4四半期から2022年第4四半期まで
(出所) BIS、武者リサーチ

て中国の比重は大きい：バブル関連産業を建設業と不動産業と定義し両者の産業別ＧＤＰを合計すると、日本の場合１９９０年ＧＤＰ比21・０％（建設10・１％、不動産10・９％）、２０２１年同17・４％（建設５・５％、不動産11・９％）と推移してきた。それに対して中国は２０１６年29％（建設、不動産）と推定されている（Kenneth Rogoff, Yuanchen Yang (2020). "Peak China Housing"）。

そして、バブル崩壊の現状について、「中国はバブル崩壊の初期、日本の推移と比較すると１９９０年代前半に相当する、と言えるのではないか」としています。

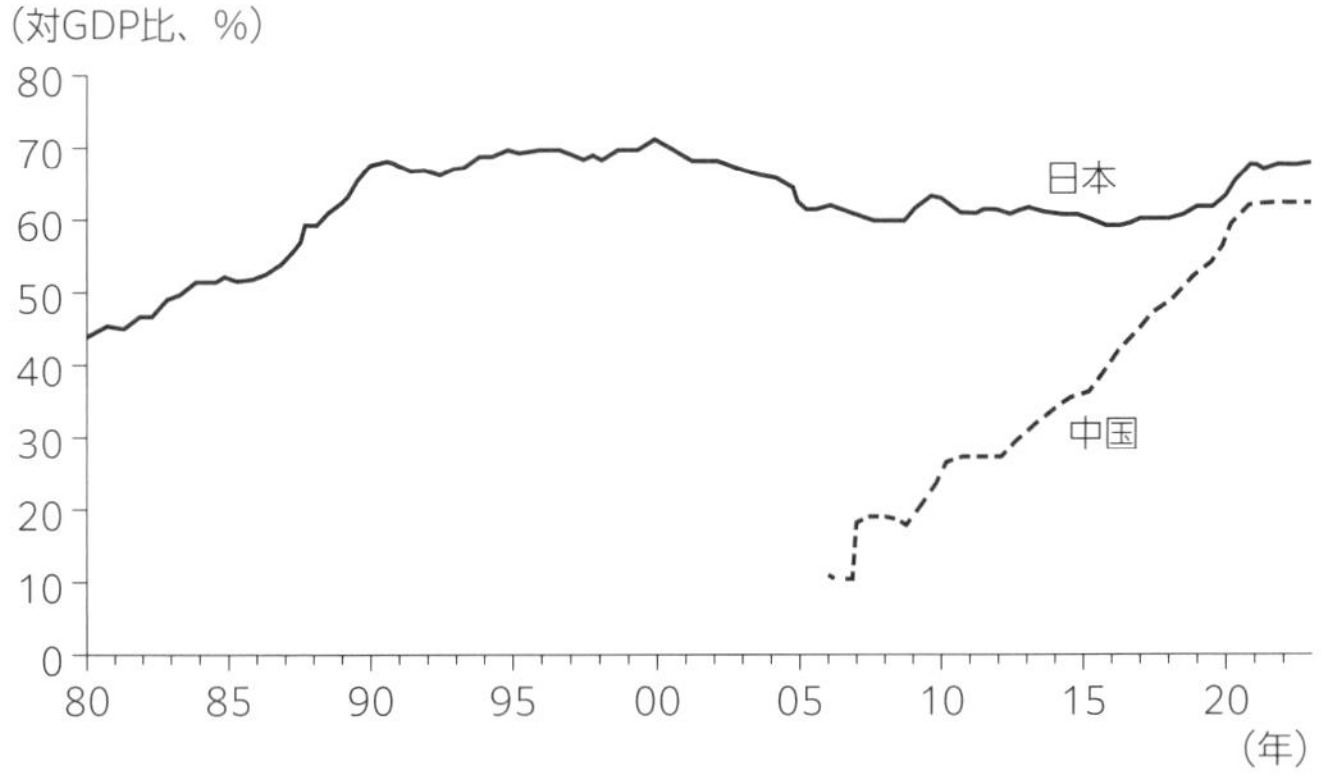

図V―7　GDP対比での家計債務が急拡大する中国
日中の家計債務対GDP比の推移

（出所）BIS、武者リサーチ

「2年余りでアメリカ100年分のセメントを消費したといわれるほどの天文学的投資資産の多くが、価値を生み出す健全資産とは考えられず、潜在的不良資産が積み上がっていると推測される。（中略）中国が日本化（Japanification）するかどうか、という問いは甘すぎる。より深刻な将来が待っていることを念頭に置くべきである」（武者氏）。（以上、『ストラテジーブレティン』340号〈2023年9月19日〉より）

実質デフォルトに陥っている中国企業はすでに膨大な数に及んでいて、中国の不動産バブルはとっくに崩壊していると考えていいでしょう。中国政府は頑として認めないでしょうが、歴史が教えてくれています。破裂しないバブルなど、ありません。

約1000兆円の住宅ローンの貸出残高のうち、最初に不良債権化するのは、日本のバブル崩壊時に身を置いていた私の経験から勘案して3割程度、300兆円ぐらいだと考えています。

もっとも、実際にそのような事態になった場合は、次々にドミノ現象が起きて600兆〜700兆円という史上最大の不良債権に膨らんでしまうはずなのです。

まず銀行が破綻します。そこで不渡りが出てくる。中国人民銀行は破綻処理と並行して資金調達もしなければなりません。

ところが、**中国の国債はもうほとんど買い手がいない**のです。外国人投資家が売りまくっている中で、それでも中国債を買う人はいません。**人民元の大暴落**が起きます。国として破産状況になったとき、中国共産党の一党独裁が終焉を迎えることになります。人民元は基軸通貨を狙うどころか、下手をすれば紙くずになりかねないほどの危機にさらされる運命にあるのです。

ドルに対抗する「通貨覇権」を狙った中国

今日のグローバル社会では、国境を越え24時間絶えることなく膨大な量の取引が発生しています。そこで各国が輸出超過や輸入超過などで資金難に陥らないように決済サービスを提供しているのが、アメリカのニューヨーク連銀（連邦準備銀行）です。世界の決済シェアの98％はニューヨーク連銀が握っており（残る2％はロンドン）、ドルが覇権通貨として君臨する大きな要因となっています。

米ドルが基軸通貨である理由は、主に次の2つです。

①国際通貨として貿易、金融取引に世界中で使われていて、信任と利便性を備えて

いる

②通貨が国際的な決済業務を担っている

私自身、かつて銀行に身を置いて米国債の売買を行いましたが、アメリカ市場ほど便利な市場はないことを実感しました。この決済機能がある限り、**米ドルは基軸通貨であり続ける**と断言できます。

この「**ドル一強体制**」をなんとか変えようと画策しているのが中国の人民元です。たとえば、ロシアの輸入決済における人民元のシェアは２０２２年末時点で23％、輸出決済の16％にまで上昇してきています。

ただこれには特殊な事情があります。ロシアのウクライナへの侵攻以降、ドル、ユーロなど主要通貨での国際銀行間決済を牛耳るＳＷＩＦＴ《スイフト》（国際銀行間通信協会、本部はベルギー）からロシアの大手銀行が排除されてしまったからです。

ここで存在感を増したのが、ＳＷＩＦＴに対抗する目的で２０１５年から始まった中国版の国際的銀行間決済システムであるＣＩＰＳ《シップス》（人民幣跨境支付系統＝人民元国際決済システム）です。ロシアはＣＩＰＳに乗り換えました。

中国はさらにイラン、ベネズエラ、ブラジル、アフリカ諸国から人民元建てでエネルギーや食料品の輸入を増加させ、アメリカをいらだたせています。

２０２２年12月には決定的な出来事が起きました。サウジアラビアを訪れた習近平国家主席が、アラブの主要産油国で組織される湾岸協力会議（ＧＣＣ）に招かれ、その席で人民元による石油取引を促したのです。

ＧＣＣ加盟国たちは「取引はペトロダラー（ドル建て決済のオイルマネー）だけではない」と反応し、１９７３年から続いてきた「ドルによる支払い」の不文律、ペトロダラー制の変化を示唆したのです。

２０２３年1月のダボス会議の際にも、石油取引に人民元の使用を容認する方向だと報じられています。サウジアラビアのムハンマド・ビン・アブドゥッラー・アール・ジャドアーン財務相は「ドル以外の決済に関する話し合いにオープンに臨みたい」と話しており、ペトロユアン（石油人民元）の誕生がいよいよ現実味を帯びてきました。

アメリカがシェールガスの増産でサウジアラビアを上回る世界最大の産油国となったことで、**サウジアラビアの原油販売の最大の得意先が中国に代わるとともに、アメ**

リカの存在感が低下してしまったからです。

「国際通貨に手をつけた国は必ずアメリカに潰される」といいます。なぜなら、**世界の覇権と米ドルは表裏一体**だからです。それを維持するために大統領を動かしているのが、アメリカの軍産複合体であり、アメリカの石油メジャーなのです。

アメリカは1974年、オイルショックの震源地となったサウジアラビアとの石油取引をドルだけで決済する**「ペトロダラー体制」**を確立することで、ドル覇権を強固なものにしたのです。

サウジアラビアは石油を売って獲得したドルをアメリカ債に投資します。加えて、アメリカの兵器を購入してきました。アメリカはサウジに安全保障を提供すると同時に、**オイルマネーを回収**してきたのです。

アメリカはつねに世界のどこかで戦争に絡んでいます。現在ならウクライナやイスラエル、台湾有事でも主役となるでしょう。このため、**慢性的に巨額の財政赤字**を抱えています。これが企業ならば、何度も倒産しているような状態です。

それでもアメリカが財政破綻しないのは、**自国通貨のドルが世界の基軸通貨だから**です。ドルを脅かす他国通貨が出現する場合には、世界最強の軍事力を用いて相手を苦境に落とし込みます。

かつてペトロダラーに刃向かったのが、中東の産油国イラクのサダム・フセイン大統領でした。

2000年のユーロ誕生時、フランスのジャック・シラク大統領がフセイン大統領に「石油支払いをユーロに切り替えないか」と持ちかけてきたのです。

アメリカに敵意を抱くフセイン大統領はこの提案を受諾し、**イラクの原油決済をドルからユーロに切り替えました。**その後のイラクとフセイン大統領が見舞われた悲劇は、ご存じの通り凄絶を極めました。

中国ならびに習近平政権が、フセイン大統領のように**アメリカの虎の尾を踏む日はすぐそこまで迫っている**と、私は確信しています。

中国に代わる世界経済の成長エンジンとなるインド

ついに人口で中国を凌駕したインドは経済面でも急拡大を果たし、2027年にはGDPで日本を追い抜いて世界第3位に躍り出ると言われています。

インドは米中新冷戦の受益国でもあり、2018〜2020年のインドの成長率は

2018年がプラス6・8%、2019年プラス4・8%、コロナ禍の2020年はマイナス6・9%でした。2021年は9・1%に成長回帰し、2022年は7・2%。S&Pグローバルによれば、2023年も6・7%の成長が予想されています。

インドと中国を比べると、政治面での最大の違いはインドが民主国家なのに対して中国は中央集権の社会主義国家ということです。つまり、中国は非民主的な政治を採用しているのです。

インドビジネスの専門家である勝地和夫氏は「**インドの行動原理はバランス・オブ・パワーだ**」と言います。中国がすべてについて敵か味方かの「オール・オア・ナッシング」なのに対して、好対照です。

順調に大国化の道を歩むインドを取り込むことに各国は必死になっています。それでも〝実利最優先〟のインドはそう簡単にはなびきません。もともとインドはセルフリライアンス（自己依存）を重視してきたことから、容易には攻略ができないのです。

インドはかつての中国と同じように長い間2桁近い成長を続けられると勝地氏は力説します。論拠はまだ35%しかない**都市化率の低さ**です。日本も中国も、爆発的な経済成長を遂げたのは農村から都会へ人口大移動が起きた時期でした。中国の都市化率は現在63%まで成熟してしまっており、**印中両雄の勝負はすでに決着している**といえそうです。

「私がグループ企業のアドバイザーを務めるタタ・グループは、今後5年間で900億ドルをインド国内で投資する計画をしている。インド最大だ」(勝地氏)。1年当たり180億ドルの投資は過去10年間の同社の平均投資額の2倍以上。その内訳は携帯電話の部品、半導体、電気自動車、電池、再生エネルギー、電子商取引、軍用機など非常に多岐にわたります。

インドは2036年のオリンピック招致にも動いています。インドで建設中もしくは敷設が提案されている高速鉄道は13路線に及びます。空港についても、現在の国内141空港が4~5年内に80の新設計画があるといいます。

「いまのインドは、アメリカ、日本、中国の経済を発展させた4つの成長エンジンである①**産業革命**、②**インフラ整備**、③**強いリーダーの登場**(モディ首相の支持率は77%)、④**急速な都市化**、が同時に作動している状況にある。**4つの成長エンジン**を備えている国は、世界中を見渡してもインドしかない」(勝地氏)。

かねてからインド人は数字に強く、子どもでさえ2桁や3桁のかけ算を瞬く間に暗算で計算してしまいます。理数脳に優れるインド人は、日本人では考えも及ばない新しいソフトウェアを開発するのに適していると思います。

インドという国は軍事で世界を制覇するような国ではありません。**AI時代にふさわしいソフトで世界を制覇する**可能性が高い。

第2章で述べたように、現在は半導体が産業の要となっていますが、そのうちにインドはAI分野で、世界で一番強い国になっているだろうと私は思います。

日本国内の政治リスクを検証する

日本国内のリスクについても触れておきましょう。

内政の目先のリスクとして、岸田内閣のスキャンダルがあります。自民党の政治資金疑惑で、2023年12月14日には官房長官を含む4人の閣僚が交代しました。

2024年1月中旬から150日間の通常国会が始まりました。新入閣を含めた閣僚の中から、答弁が失敗して野党に追及されるとか、あるいは新たなスキャンダルの発覚といったリスクが心配されます。

２番目のリスクは言うまでもなく、**非常に低い支持率**です。２０２３年12月中旬現在で20％台となっています。空前の低支持率です。ただし、現在のところは後継者がいないし、野党にもいいところがないです。よほどの「追い込まれ解散」にならなければ、２０２４年９月の自民党総裁選まで政権は保つでしょう。私は、この可能性が７～８割だとみています。

日経平均６万円への道筋

さてそこで、長期政権となった岸田首相はいったい何をするのか。最優先するのがこれまで述べてきた「投資立国」で

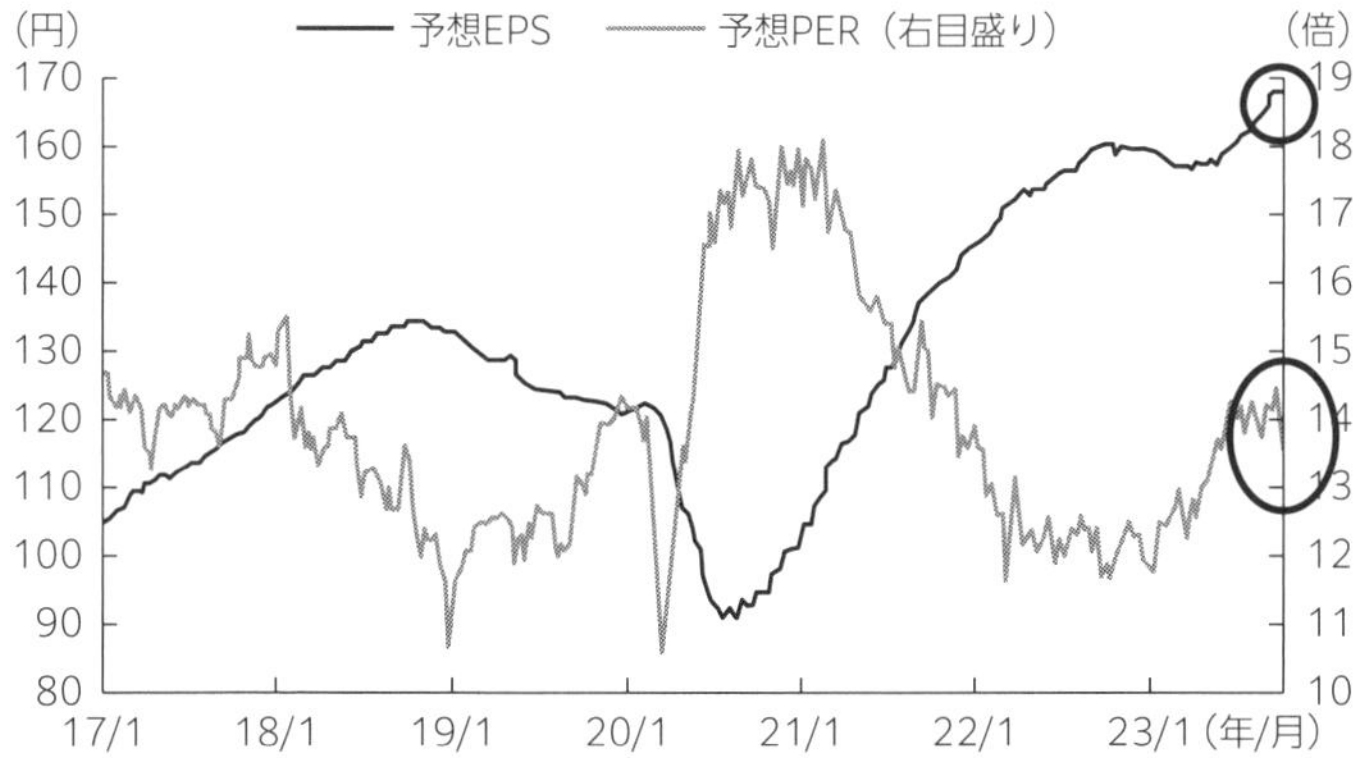

図Ｖ—８　日本株は企業収益の改善で割安感を保つ
TOPIXの12カ月先予想EPS・PERの推移

（出所）Refinitivより、みずほリサーチ＆テクノロジーズ作成

す。東京をはじめ、いくつかの都市が手を挙げて、資産運用特区を作ろうとしています。特区では英語で行政書類を作成してもよく、投資関係の資金への無税適用もあり、海外から大きな投資がやってくると考えられます。

そうなると、現時点では日本人の金融資産の3分の2は預金ですが、それが株なり債券なりに投資されると、**日本のマーケットは非常に大きなことになる**と思います。

東京証券取引所もPBR（株価純資産倍率）が1倍を下回る「解散価値割れ」の銘柄に対して経営改善策を出すよう要請しており、各社は収益力の改善に加え自社株買いや増配で株価を高めようとしています。現に、1兆円を超える自社株買いが発表されています。**大きな買い圧力となって株高要因となります。**

これまで述べてきたことを総合すると、日経平均株価が年間10％ずつ上昇すると考えれば5年後には5万4000円程度となります。日経平均を構成する225銘柄の1株利益がそれだけ成長することは難しくないでしょう。

これに加えて、現在の日経平均のPER14倍程度（図Ⅴ-8）が17倍まで上昇しても許容できるとすれば、6万6000円まで上がってもおかしくない。だから私は「5年以内に6万円」が現実的にクリアできる目標だと考えているのです。

厳選！

ゴールデン・チェンジで期待したい推奨銘柄10

GOLDEN CHANGE

三菱UFJフィナンシャル・グループ

8306	銀行	東証プライム

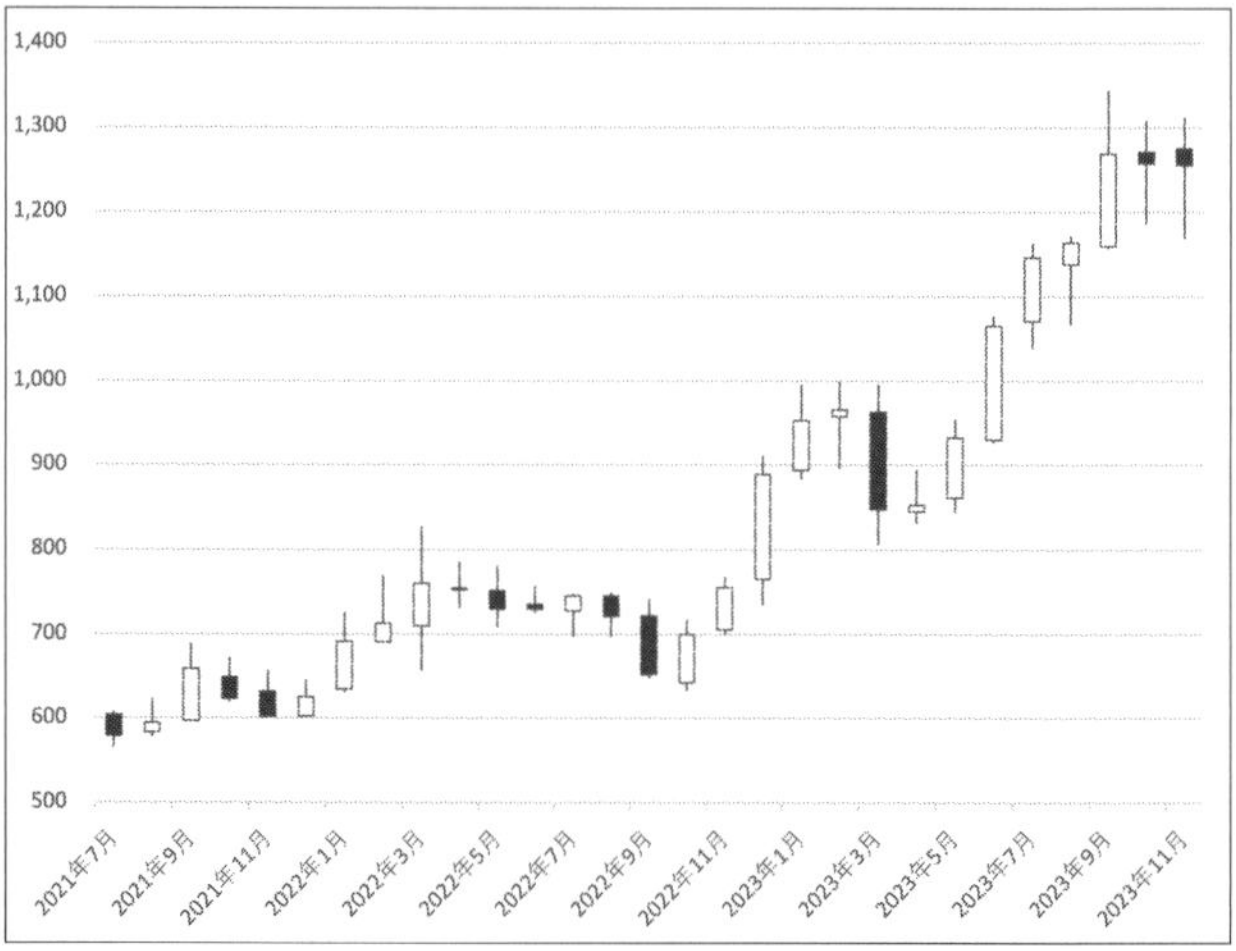

金利上昇で復活するメガバンク、低PBR

日本国内では最大の民間金融グループ。傘下に三菱UFJ銀行、三菱UFJ信託銀行、三菱UFJモルガン・スタンレー証券、カードのニコス、消費者金融のアコムなどを抱える。国際展開は邦銀随一で、米モルガン・スタンレーは持分法適用会社。米地銀大手USバンコープにも出資。今2024年3月期は金利上昇を受け預貸金利ザヤが拡大、連続最高純益更新。連続増配。PBR1倍割れ。株価はバブル期以来の長期低迷を抜け、本格上昇に転換している。

コマツ

6301	機械	東証プライム

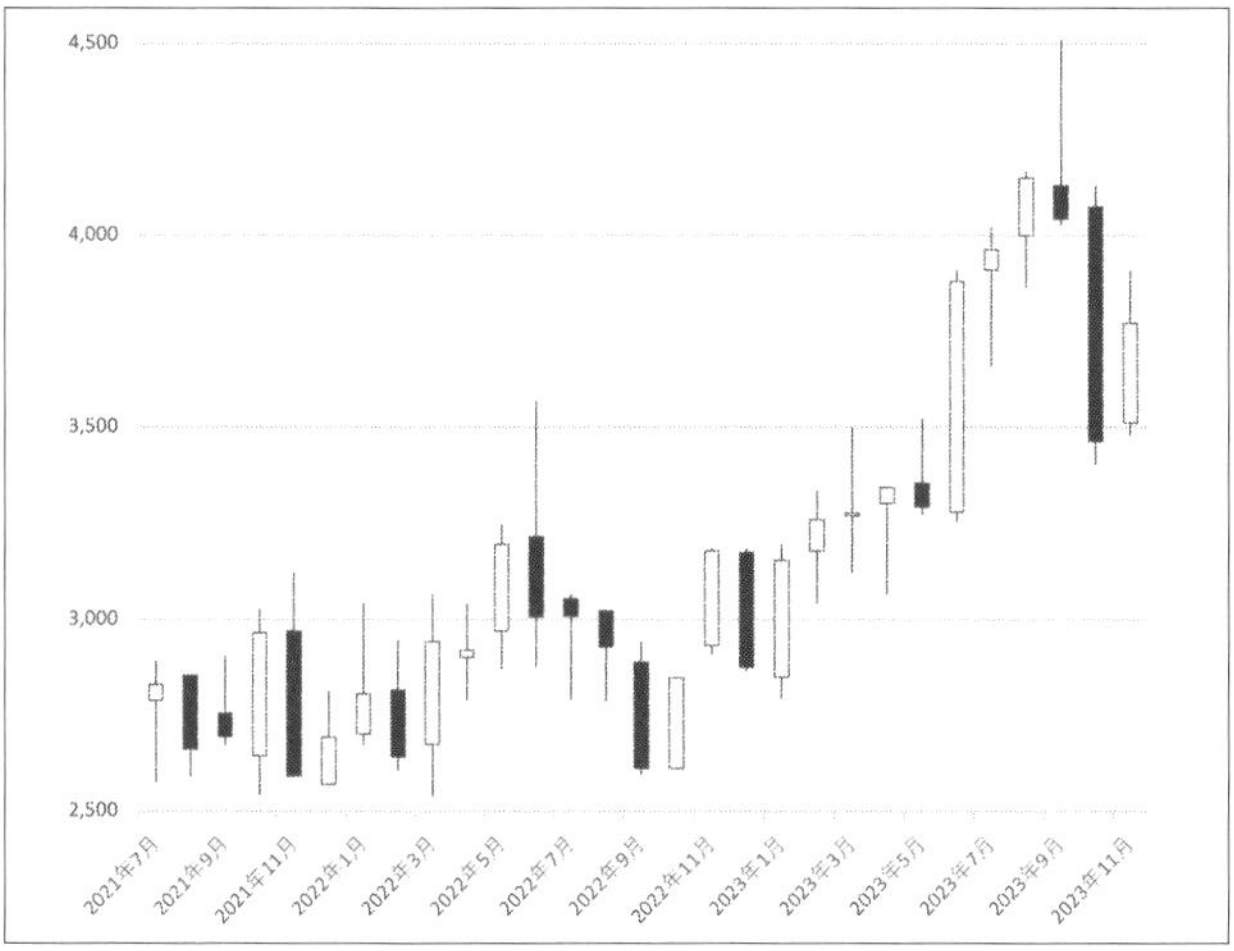

世界2位の建機メーカー、ウクライナ復興関連

1921年設立の総合建設機械メーカーで国内では首位、世界でも米キャタピラーに次ぐ2位の実力。建設・鉱山機械、小型機械、林業機械、産業機械などの事業を展開。ブルドーザーや油圧ショベルに強い。特に中国はじめ新興国に強くアジアでは首位。CO_2排出量は2030年に2010年比で50%削減を目指している。今2024年3月期は値上げの浸透や円安進行が追い風。主力の建機が北米などで好調で連続最高益更新。配当性向40%超メドに増配。

住友商事

8053	卸売	東証プライム

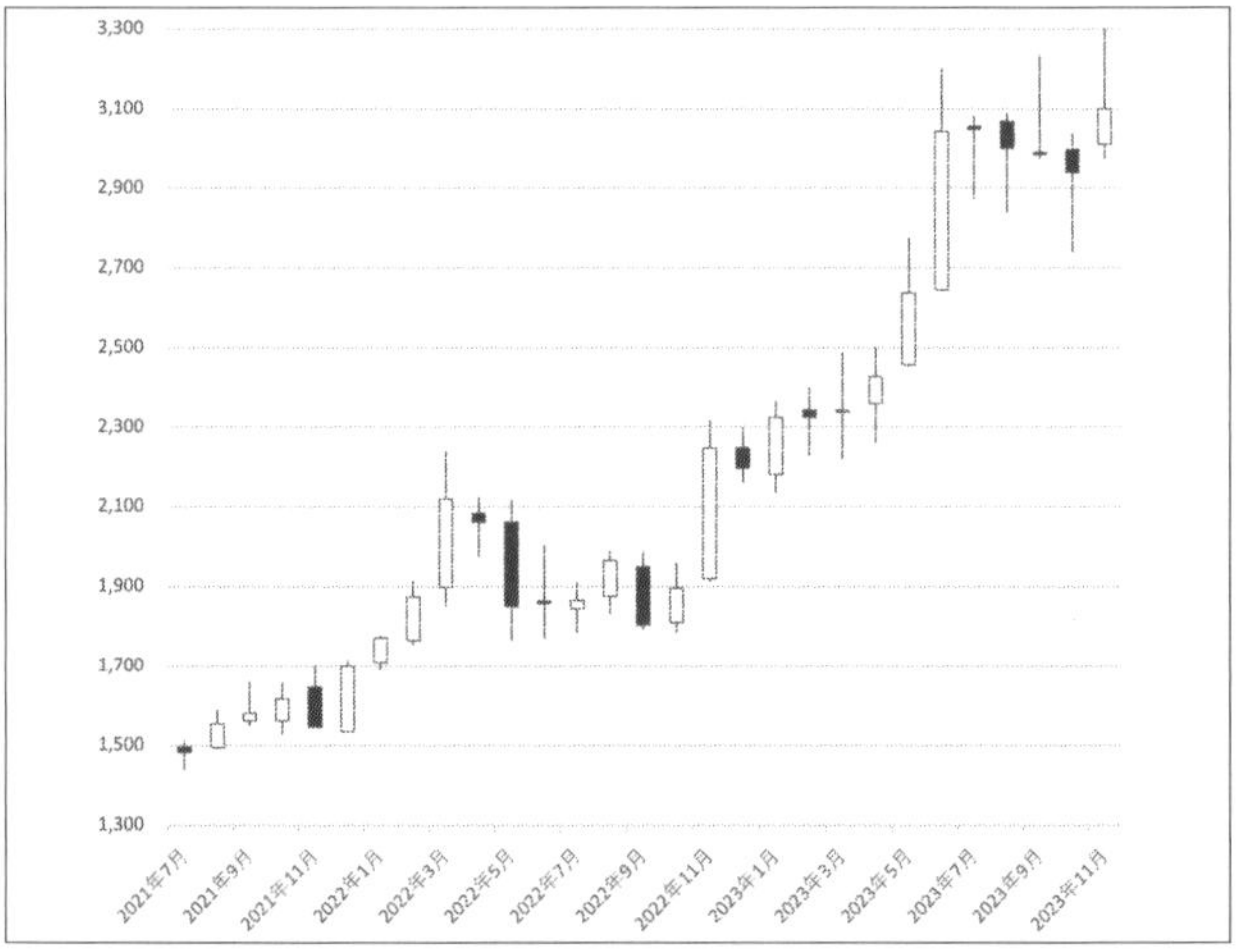

ウォーレン・バフェット氏が持ち株比率拡大

日本の5大総合商社の一角。ルーツは、1919年に設立された大阪北港で、不動産から商事部門へ進出した。1952年に住友商事へ改称。日本製鉄と親密。他の大手に比べ事業分野に偏りが少ないことが特徴。メディア関連に強くJCOM、ジュピターショップチャンネル、SCSKなどを傘下に持つ。今2024年3月期は不動産売却益がなくなり最終減益だが、増配を計画。海外ネットワークを活かし、ウクライナ復興でもビジネスチャンスに期待。

東京エレクトロン デバイス

2760	卸売	東証プライム

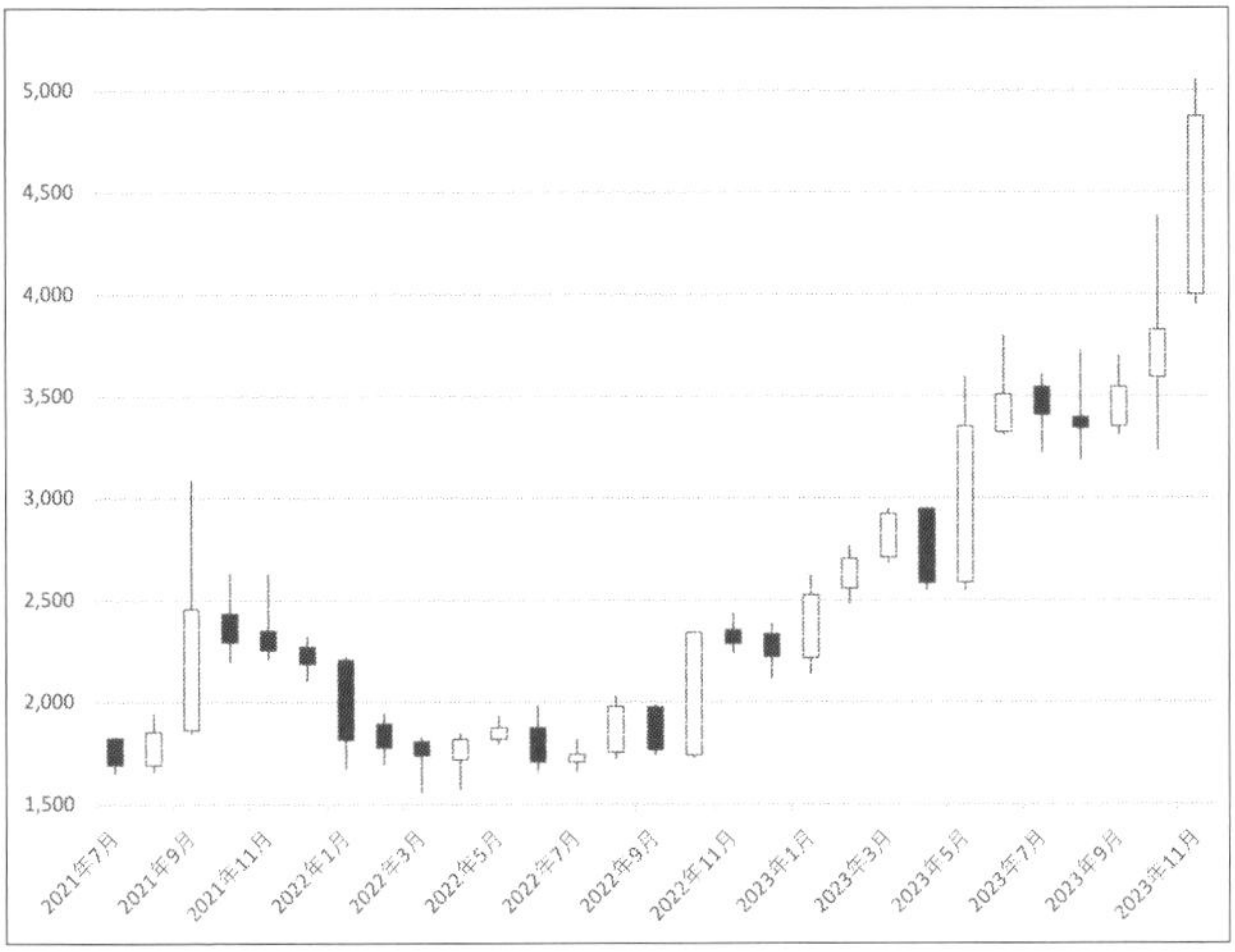

半導体関連銘柄、2024年は大活躍に期待

半導体製造装置で国内首位である東京エレクトロンの子会社。1986年設立の半導体商社で、米テキサスインスツルメンツ、インテル、マイクロソフトなどの製品を扱っている。中期計画「VISION2025」の財務目標を前2023年3月期に前倒し達成。今2024年3月期は車載向けなどが牽引して半導体が堅調。為替差損が減り最高益更新。上期好調で通期増額。半導体市況サイクルが底打ちに転じており、来2025年3月期はさらなる収益拡大が期待される。

東急不動産ホールディングス

3289	不動産	東証プライム

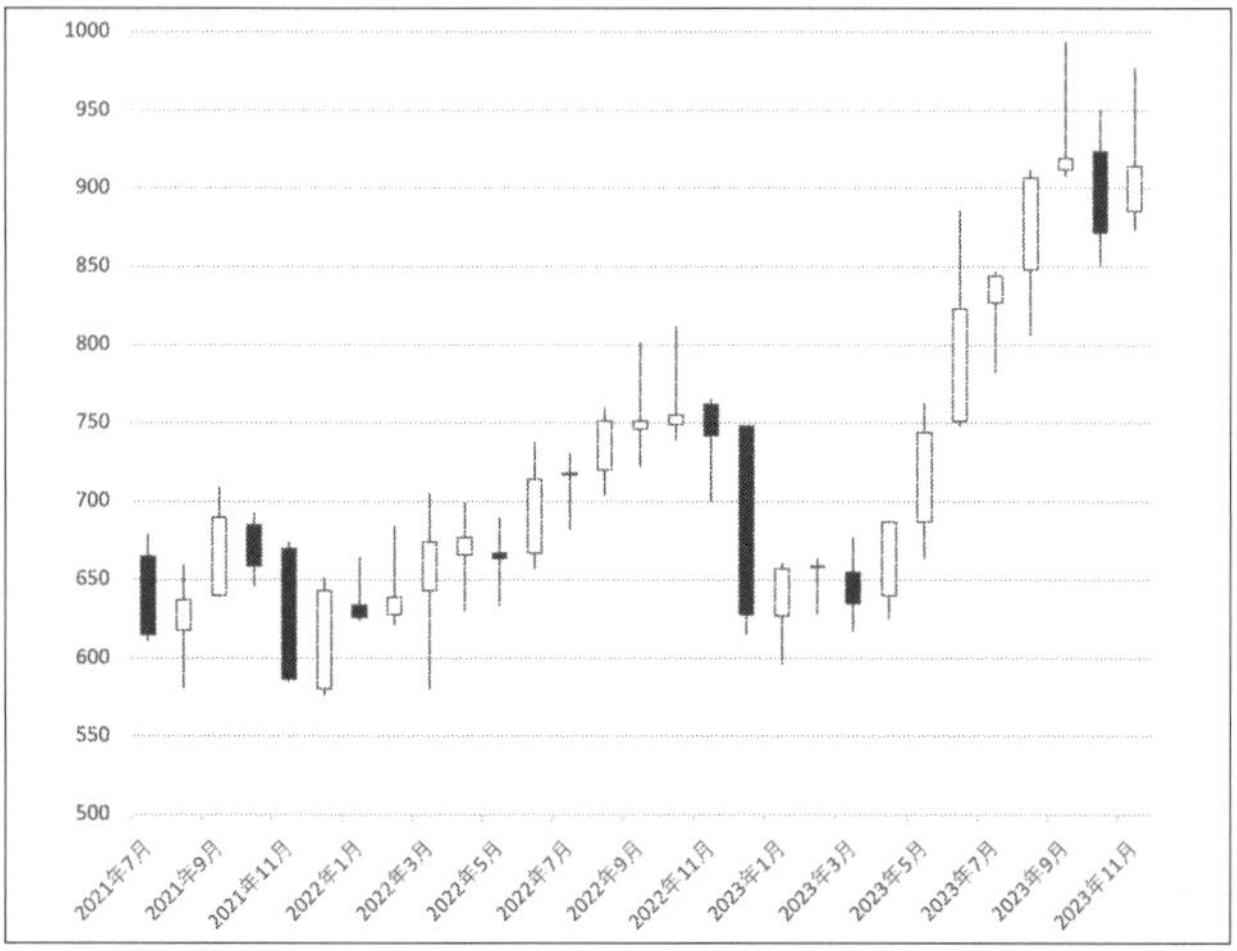

渋谷駅周辺の大改造など東急沿線再開発の主役

輸送人員が民鉄最大の東急が大株主の総合不動産大手。東急線のターミナルである渋谷駅周辺が重点エリア。東急不動産、東急コミュニティー、東急リバブル、東急住宅リース、学生情報センターが主要5社。1918年に渋沢栄一らが設立した田園都市(株)が原点。伊藤忠商事系の電力小売企業に出資するなど再生エネルギーに注力。今2024年3月期は人流回復でリゾート、ホテルが復活。ビル賃貸も空室率の低さが売りで、連続最高益。連続増配。

横浜ゴム

5101	ゴム	東証プライム

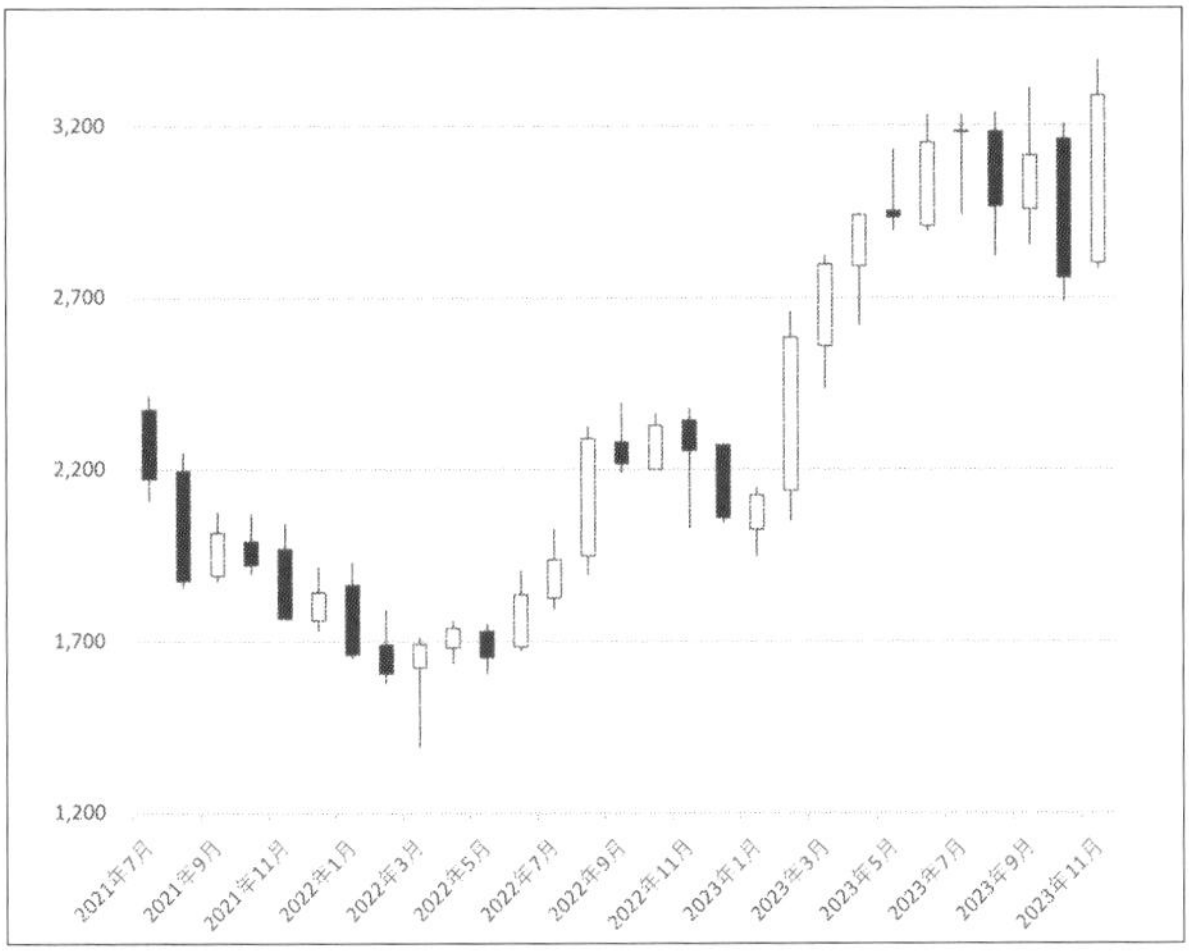

タイヤ大手、PBR割安、2024年最高益か

1917年創業の総合ゴム製品メーカーで国内3位。世界的に需要が拡大しているOHT(オフハイウェイタイヤ：農業・林業・建設・産業機械用タイヤ)を成長ドライバーと位置づけている。前2023年12月期は増額。今2024年12月期も新車用タイヤが高付加価値品を中心に伸びる見通し。3期ぶりに最高純益更新か。PBR1倍割れ。EV(電気自動車)の時代もタイヤ需要はなくならない。すでにEV向けタイヤの開発・販売強化にも取り組んでいる。

トヨタ自動車

7203	輸送用機器	東証プライム

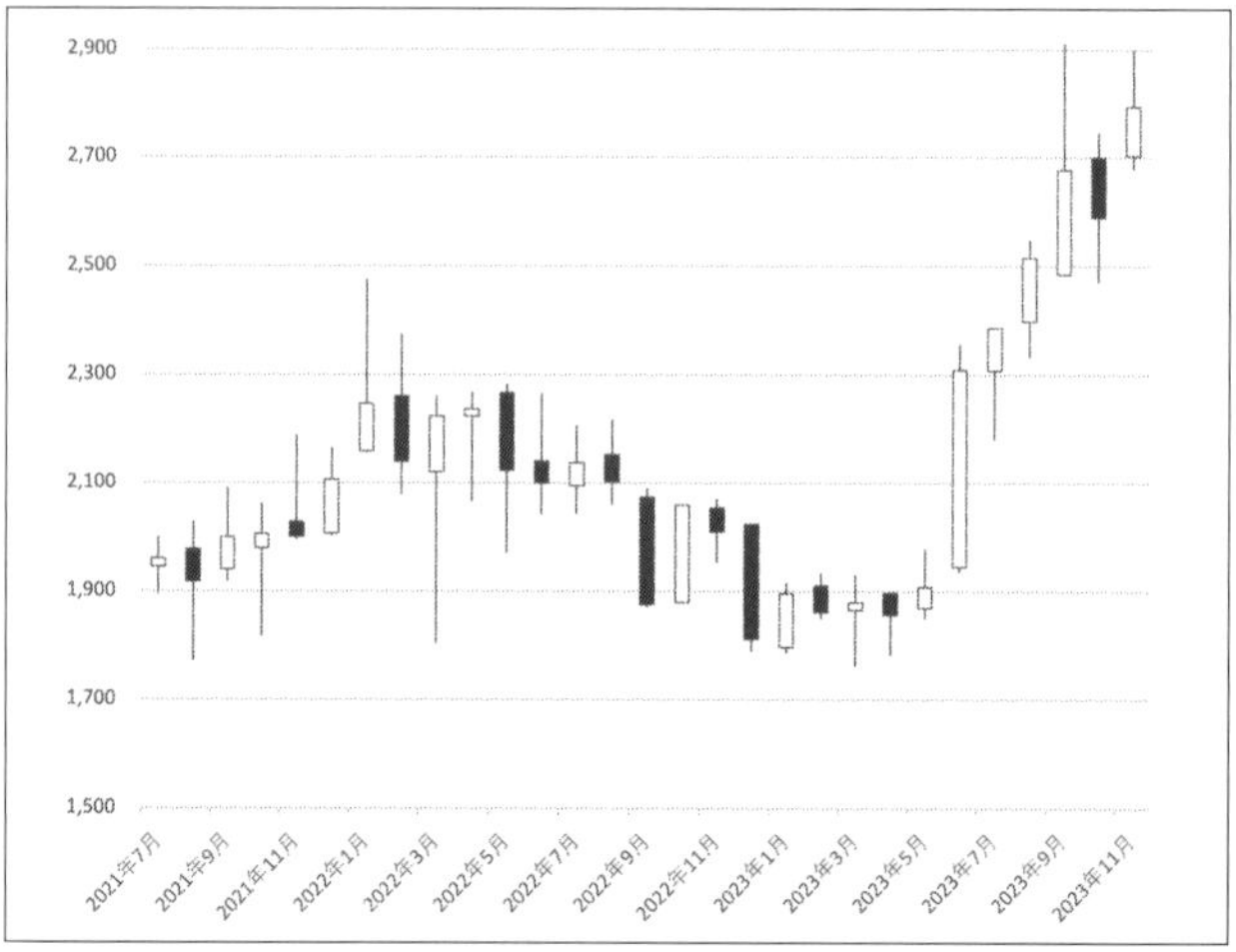

自動車銘柄の大本命、本格上昇はこれから

世界首位級の自動車メーカーで販売台数は1000万台超を誇る。「トヨタ」と「レクサス」の2ブランドで展開している。子会社にダイハツ工業、日野自動車。SUBARUに出資しており、マツダ、スズキとも資本提携。自動織機メーカーから自動車に進出。財務力が高い。金融事業のほか住宅も手がけている。今2024年3月期は過去最高の1100万台以上を世界で販売。欧米市場での値上げが貢献。円安効果も大きく、利益急反発して2期ぶり最高益更新。増配。

小野薬品工業

4528	医薬品	東証プライム

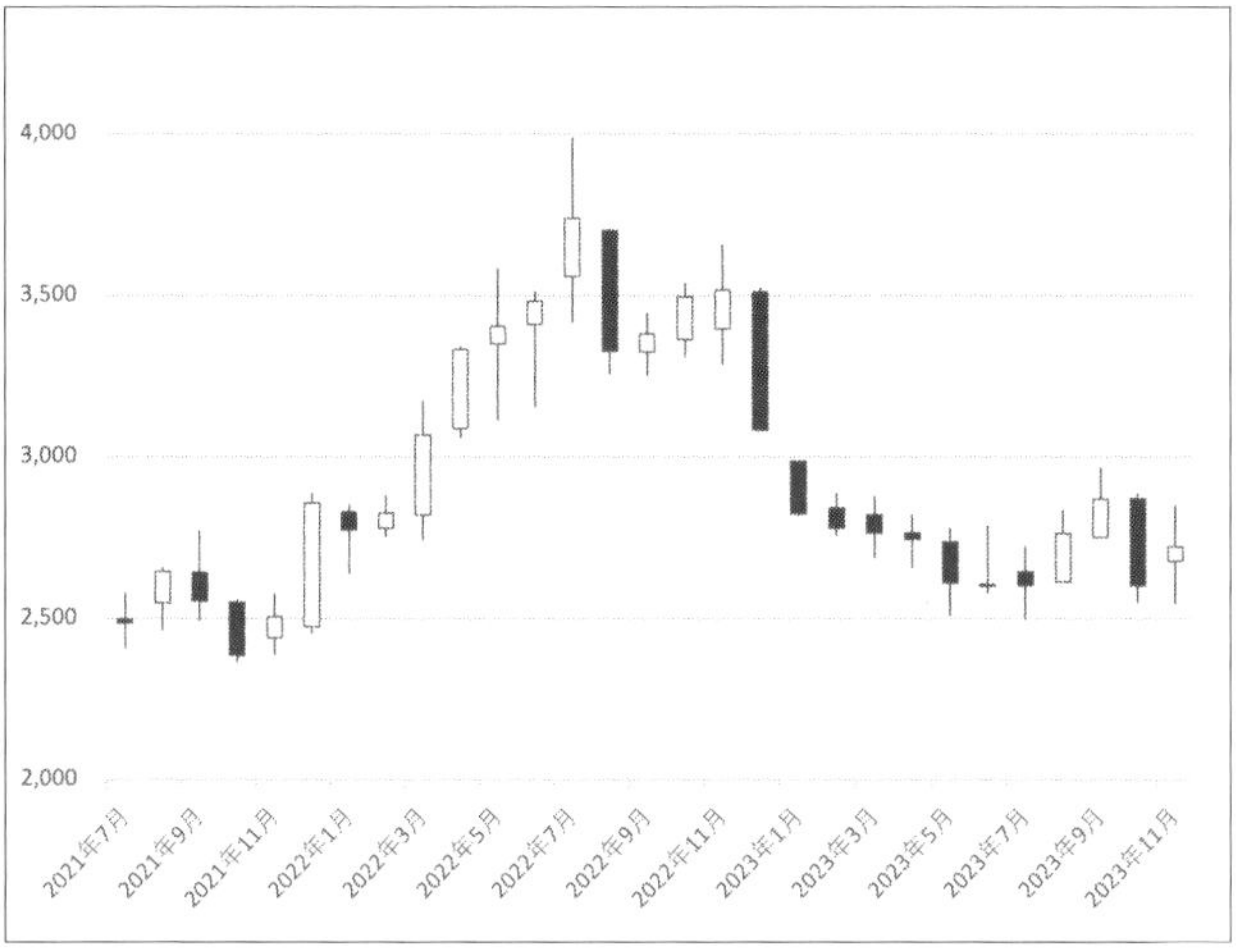

がん免疫チェックポイント阻害薬が世界で伸びる

1717年(享保2年)に大阪で薬種商を創業して以来、300年を超える老舗。小野薬品工業としての設立は1947年。研究開発志向が強い中堅医薬品メーカー。がん免疫チェックポイント阻害薬「オプジーボ®」の開発に成功し、がん領域に参入。高収益体質で財務も良好。2024年3月期はオプジーボ®の処方数が伸びる。糖尿病薬「フォシーガ®」も大幅に増加。アストラゼネカ社との和解金を売り上げ計上。連続最高益更新、連続増配。自社株取得にも注力している。

楽天ETF
—日経レバレッジ指数連動型

1458	ETF−レバレッジ型・インバース型	東証（ETF）

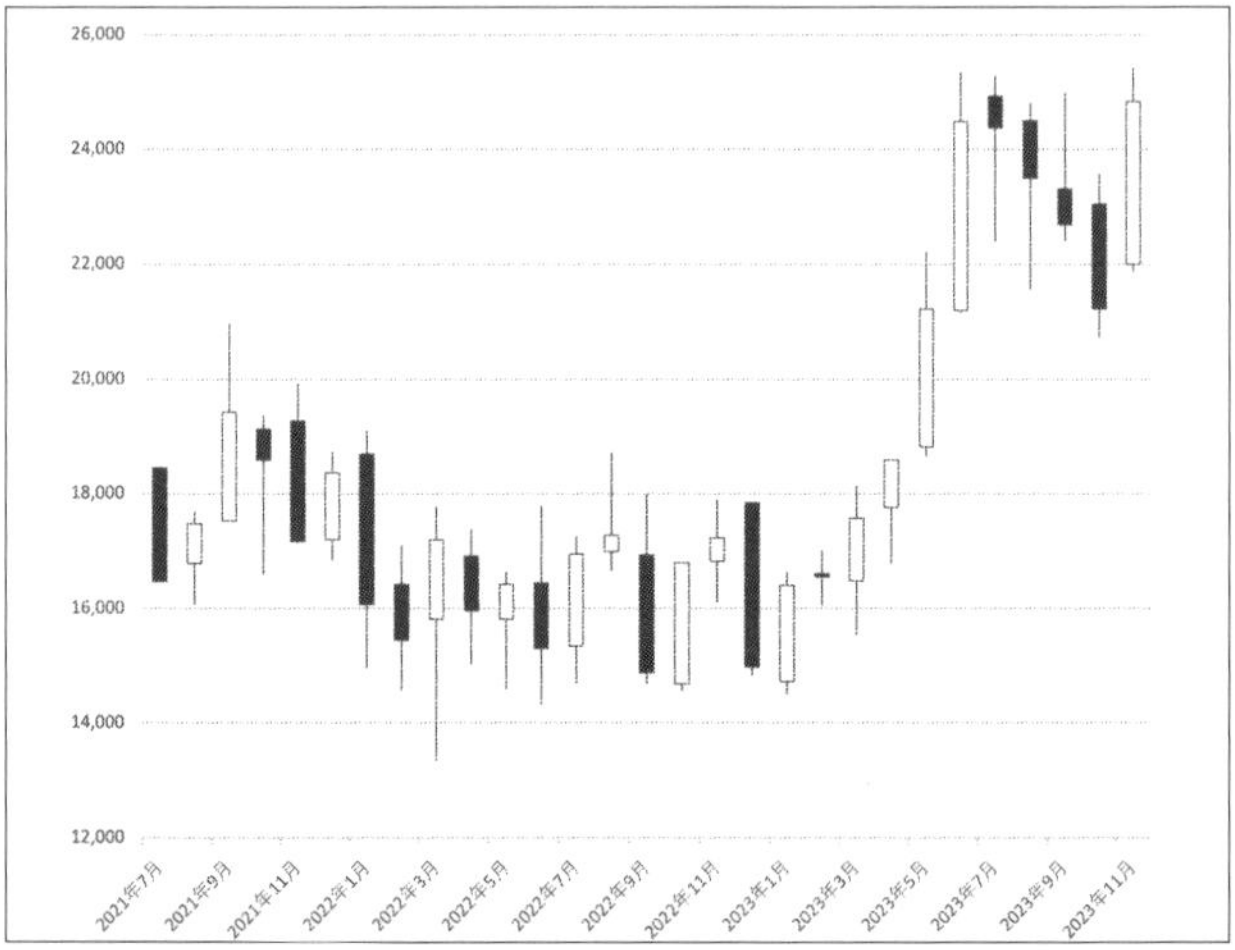

日経平均株価の2倍上昇する上場投資信託

2015年7月15日に上場した、東京市場で取引できる投資信託（ETF）。日経平均株価に連動していて、同指数が1%値上がりすると2%値上がりする「レバレッジ（てこ）型」のETFになっている。同様の値動きをするETFは東京市場に複数上場しているが、出来高がいちばん大きいことがおすすめの理由。2024年1月の純資産残高は117億円。売買単位は1口で、最低購入額は2万7千円程度。管理会社は楽天投信投資顧問。

上場インデックスファンド世界株式（MSCIA CWI）除く日本

1554	ETF−外国株指数	東証（ETF）

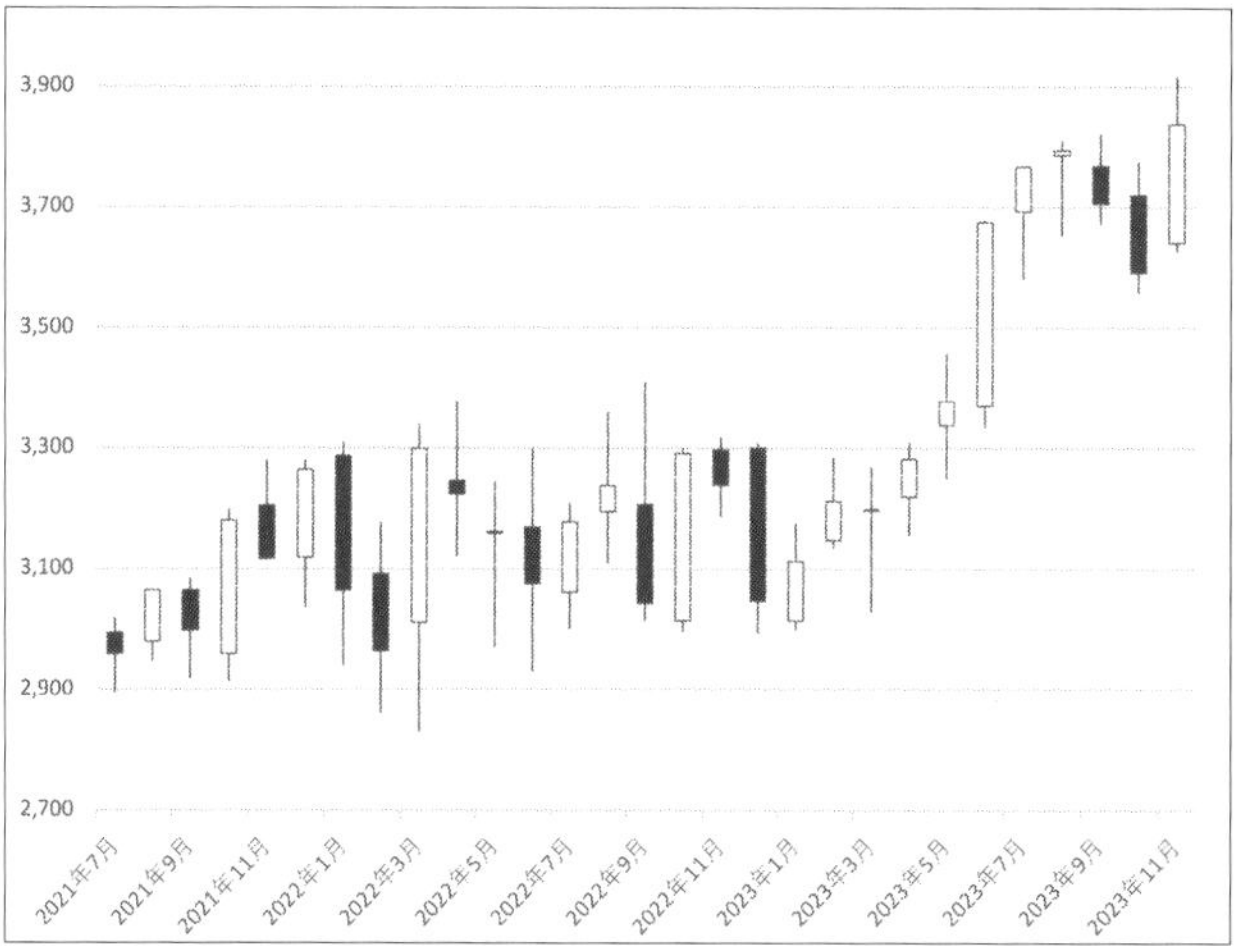

日本以外の世界成長を取り込む上場投資信託

東日本大震災の直前、2011年3月8日に上場した東京市場で取引できる投資信託（ETF）。日本を除く世界の先進国・新興国の株式の総合投資収益を各市場の時価総額比率で加重平均し、指数化した「MSCI ACWI ex Japanインデックス」に連動して株価が推移する。前2023年1月期の分配金は50.5円。2024年1月の純資産残高は約100億円。売買単位は10口で、最低購入額は4万円程度。管理会社は日興アセットマネジメント。

おわりに

いかがだったでしょうか。日本経済がこれから大復活するということがご納得いただけたのではないでしょうか。

日本経済は長らく「停滞」や「空白」といった言葉で表現されてきました。その中で業種業界を問わず体質を改善し、また新たな産業を育ててきた努力が、これから実を結ぼうとしています。

日本に対して厳しかったアメリカの対日方針も転換し、地政学的にも非常に有利な立ち位置にいます。国内外の情勢を鑑みると、日本経済はいよいよ上昇する態勢に入ったと言えるでしょう。

本書では、半導体とインバウンドが日本経済を牽引し、底上げしていく道筋について述べてきましたが、これらの他に、これから経済にインパクトを与えることが期待できる産業について触れておきたいと思います。

私は、「バイオ」「生命科学」の分野、そして「福祉」に関する分野がこれから大きく伸びると考えています。今世紀中にはバイオが全盛時代を迎えます。

人工的に窒素を作ろうとすると、どうしても公害で環境を壊してしまいます。

ところが、環境を壊さないで窒素を生成する仕組みが自然界にはあります。たとえばジャガイモは太陽と地面と水があればよい。葉は枯れれば肥料になる。われわれの文明はまだ「生物」の領域にまで行っていないのです。

私は、長男が開成高校に行っている時代に、「大学へ行ったら生物を学びなさい」と勧めました。長男は慶應義塾大学の理工学部に入学しましたが、残念ながら生物研究室がなかった。ところが、教授がいい方で、「東大の医科研で遺伝子が学べるから、そこへ行きなさい」と送り出してくれました。その教授は半田宏さんといって、東京工業大学で生命理工学科を発足させた時に教授になりました。博士になっていた長男は半田教授の助手になって、東工大に移りました。その後、長男は山之内製薬（現アステラス製薬）に就職した後、フランスのルイ・パスツール研究所へ5年間留学して、国立の研究所で一番若い部長になりました。

アメリカの製薬会社、モデルナは現在、がんワクチンの製造にほとんど成功しかけ

ています。いまの日本では80歳ぐらいで死ぬのが普通だとみなさんは考えて生きていい

ます。近い将来は100歳が当たり前になるでしょう。

生命科学が進んで寿命が長くなったら、何が必要でしょうか。期待できるのは、介護、福祉の分野です。

私はエコノミストだからあらためて言いますが、寿命が80歳前後から100歳になるならば、持っている財産が潤沢でないと、たいへんなことになります。もちろん、国として面倒をみてくれる部分もあるでしょうが、いくらなんでも限界があります。「じぶん年金」を作りましょう。これがこの本の一つのテーマでもあります。自分のお金で、自分で長生きするのです。

高齢者が増えるのだから、介護市場の価値も積極的に捉えなおす必要があります。超高齢社会で課題先進国と言われる日本で、「老人の介護」という巨大市場が生まれるのです。典型的な3K（きつい、汚い、危険）の業務は日本の得意なロボットに置き換えられていきます。外国人労働者を含めて雇用が大きく拡大していくでしょう。

日本には成長産業が生まれず、アメリカのGAFA〈グーグル（現アルファベット）、アップル、フェイスブック（現メタ・プラットフォームズ）、アマゾン〉のようなメガベンチャーもありません。日本でそうした異次元の起業家が出てくることは不可能だと考える人も多いかもしれません。

しかし、日本の「失われた30年」の背景として、円高とデフレという陰謀で目隠しされていたことを理解しておく必要があるでしょう。

30年間、日本の手足を縛っていた円高とデフレがなくなれば、松下幸之助氏や、ソニーを生んだ盛田昭夫氏、あるいはホンダを創った本田宗一郎氏のようなベンチャースピリッツを持った起業家が輩出してもおかしくない。私はそうした人材が、これからどんどん輩出されると信じて疑いません。

松下さんといえば、こんなエピソードがあります。私が1981（昭和56）年に松下電器産業（現パナソニックホールディングス）の社長だった山下俊彦社長（当時）にお会いして聞いた話です。山下氏は創業者である松下幸之助氏の大抜擢で、末席取締役から25人抜きで社長になった方です。

山下さんにお会いする機会を得て私は思い切って、「山下さんはこれだけ平取（平取締役）からボーンと抜いて社長になったのだから、幸之助氏から何か使命を帯びているのではないですか。それをぜひ教えてください」と聞いてみました。

当時、幸之助氏は存命中でしたが、会話が不自由になっていたので、外部の人間が面会することはできませんでした。

山下氏は、「松下さんは『20世紀中は（どんな産業が栄えるのか）俺はわかる。しかし21世紀になると、わからない。だから〝未来学〟をやれ』と言って、私に技術本部長を兼任させました。未来学、それが私の使命だと思っています」とおっしゃったのです。この逸話は、のちに『松下電器の研究』（東洋経済新報社）として書籍にまとめています。

「失われた30年」などといって、後ろを振り向くことが多かったかもしれませんが、次に来るのはどんな時代か。何が市場を作るのか。読者のみなさんもぜひ、「未来」に目を向けてください。

本書の執筆にあたっては、私が尊敬する「3賢者」、白鴎大学教授の嶋中雄二さん、グローバルストラテジストのエミン・ユルマズさん、武者リサーチ代表の武者陵司さんの知見を大いに参考にさせていただきました。ありがとうございました。

通刊50冊目となる本書の制作にあたってお世話になった方々、Gakkenの友澤和子さん、それに本をまとめていただいた東洋経済新報社の山川清弘さん、皆様に御礼申し上げます。

2024年1月　今井　澂

参考文献

髙橋洋一『日本は世界1位の政府資産大国』（講談社＋α新書）2013年
クリス・ミラー（千葉敏生訳）『半導体戦争』（ダイヤモンド社）2023年
太田泰彦『2030 半導体の地政学』（日本経済新聞出版）2021年
久保田龍之介『半導体立国ニッポンの逆襲』（日経BP）2023年
斎藤端『ソニー半導体の奇跡』（東洋経済新報社）2021年
池上重輔編著『インバウンド・ルネッサンス 日本再生』（日本経済新聞出版）2021年
福島香織『なぜ中国は台湾を併合できないのか』（PHP研究所）2023年
今井澂『2021 コロナ危機にチャンスをつかむ日本株』（フォレスト出版）2020年
今井澂『日経平均4万円時代 最強株に投資せよ！』（フォレスト出版）2021年
今井澂『2022 日本のゆくえ』（フォレスト出版）2022年
今井澂『2024年 世界マネーの大転換』（フォレスト出版）2023年

日本経済大復活　ゴールデン・チェンジ

2024年2月13日　初版第1刷発行

著者――――今井 澂
編集協力―――山川清弘

発行人――――土屋 徹
編集人――――滝口勝弘
編集担当―――友澤和子

装丁デザイン―株式会社弾デザイン事務所
DTP　――――株式会社明昌堂
発行所――――株式会社Gakken
〒141-8416 東京都品川区西五反田 2-11-8

印刷所――――中央精版印刷株式会社

≪この本に関する各種お問い合わせ先≫
●本の内容については、下記サイトのお問い合わせフォームよりお願いします。
https://www.corp-gakken.co.jp/contact/
●在庫については　Tel 03-6431-1201（販売部）
●不良品（落丁、乱丁）については　Tel 0570-000577
学研業務センター　〒354-0045　埼玉県入間郡三芳町上富 279-1
●上記以外のお問い合わせは　Tel 0570-056-710（学研グループ総合案内）